한번쯤
포르투갈

한번쯤 포르투갈

초판 1쇄 발행 2020년 7월 7일
초판 3쇄 발행 2022년 5월 25일

지은이 허혜영

펴낸이 허혜영
펴낸곳 앤에이북스
출판등록 2018년 2월 2일 제307-2019-86호
주소 서울시 성북구 보문로94 화성빌딩 2층 203호
전화번호 02-2039-3300
팩스 02-6442-9070
http://blog.naver.com/andabooks
andabooks@naver.com

ISBN 979-11-965348-3-7 (13980)

책값은 뒤표지에 있습니다.
잘못된 책은 구입하신 곳에서 바꿔 드립니다.
저작권법에 의해 보호를 받는 저작물이므로 무단 전재와 무단 복제를 금합니다.

한번쯤 포르투갈

허혜영 지음

앤에이북스

다정한 위로를 건네는 그곳

10월의 날씨라기엔 몹시도 춥고, 쌀쌀했던 스페인의 말라가에서 드디어 리스본으로 출발하는 날. 보딩패스를 종이로 출력하지 못해 혹시나 안 된다고 할까 봐 마음은 콩닥대느라 바빴다. 그러나 걱정이 무색하게도 이메일로 받은 파일 덕분에 쉽게 수속이 되자 이제는 다른 것들이 눈에 들어왔다. 항공기까지 버스로 이동하는 순간 작은 비행기인 줄은 알았으나 버스처럼 오른쪽 2개, 왼쪽 2개의 난생 처음 보는 작은 비행기에 나도 모르게 입이 벌어졌다. 그리고는 이내 내가 이 비행기 티켓을 20만 원에 구매했다는 뒤늦은 자각에 머리를 싸매고 말았다.

이 여행의 시작은 우습게도 환불되지 않는 '왕의 오솔길t

Caminito del Rey' 트레킹 티켓 한 장에서 시작되었다. 티켓 예매를 3개월 전에는 해야 한다고 했던가? 당연히 표가 없을 거라 생각했던 내 예상을 깨고 떡 하니 남아 있는 티켓을 본 순간, 갑자기 여행을 떠나야 할 이유가 생긴 것이다. 3만 원이 안 되는 티켓을 포기하는 것이 은행에 수수료 주고 돈을 찾는 것만큼 아깝게 느껴졌던 건 '가고 싶다'는 내 욕심의 발로였을 것이다.

그 즈음 나는 우울과 불안, 절망의 그 어디쯤에서 마음의 갈피를 잡지 못하고 동굴 속으로 잠식되고 있었고, 그런 나를 끊임없이 유혹했던 건 여행이라는 이름의 회피였을지도 모르겠다. 이름은 여행이었지만, 내가 머물던 곳에서 벗어나고 싶은 갈망이 컸던 것 같다. 가고는 싶으면서도 내가 지금 여행 갈 땐가 하는 고민 사이에서 비행기 티켓의 예약과 취소를 수없이 반복하기만 했다. 그러다 끝내 떠나지 못했던 걸 후회하느니 일단 떠나고 보자는 생각이 들었다. 돈 때문에 고민하면서, 돈을 쓰면서 위로를 받는다니 인생은 참 모순덩어리 같지 않은가.

왕의 오솔길 트레킹을 마치고 바로 말라가에서 포르투갈로 이동했다. 마음의 평화를 찾고 싶은 내 마음에 보답이라도 하듯, 포르투갈은 어쩐지 보고만 있어도 위로가 되고, 다 괜찮다고 도닥여 주는 것만 같았다. 특별히 뭔가를 하지 않아도, 발길 닿는 대로 걷다가 카페에 들어가 차 한 잔 마시며 넋 놓는 시간이 지루하지 않은 곳. 화려함과 볼거리가 풍성한 유럽의 다른 도시들과는 확연하게 달랐지만 포르투갈은 내가 기대했던 그 이상의 곳이었다. 그래서 누군가 쉬고 싶어 떠나고 싶다면 나는 두말 않고 포르투갈을 추천할 것이다. 그러니 그 누구라도 용기만 낸다면 다정한 위로를 건네는 포르투갈만의 소박한 진심을 만날 수 있을 것이다.

2020년 6월
허혜영

Contents

004 Prologue

012 뜻밖의 군밤 타령
017 트램이 특별해 보이는 이유
022 인생은 희극일까
028 운명을 노래하다
033 다정한 위로
038 나의 서점 답사기
042 일몰을 즐기는 최고의 시간
049 리스본행 야간열차
053 여유를 마시는 모든 순간
060 포르투갈의 화양연화
068 응답하라 대항해 시대여!
074 난생 처음 마차 박물관

078	에그타르트의 원조를 찾아서
084	포르투갈의 에덴동산
090	동화의 나라 '페나 성'
098	땅이 끝나고, 바다가 시작되는 곳
104	여행에도 쉼표가 필요하다
110	그곳에 반하다
116	성모님의 발현지를 가다
124	사랑의 도시
132	중세를 거닐다
137	템플 기사단의 요새
146	글루미 포르투
149	작고 아름다운 돌
156	비가 내리고 음악이 흐르는
161	포르투에서 만나는 해리포터
166	기승전, 동 루이스 1세 다리
172	못 먹어도 고!
177	망중한
181	동행
186	집밥 같은 미식가의 천국

190 여행이 서툴러도 되는 이유

196 종교의 도시

203 운수 좋은 날

210 오브리가다! 아베이루

220 바로크 건축의 걸작을 만나러 가는 길

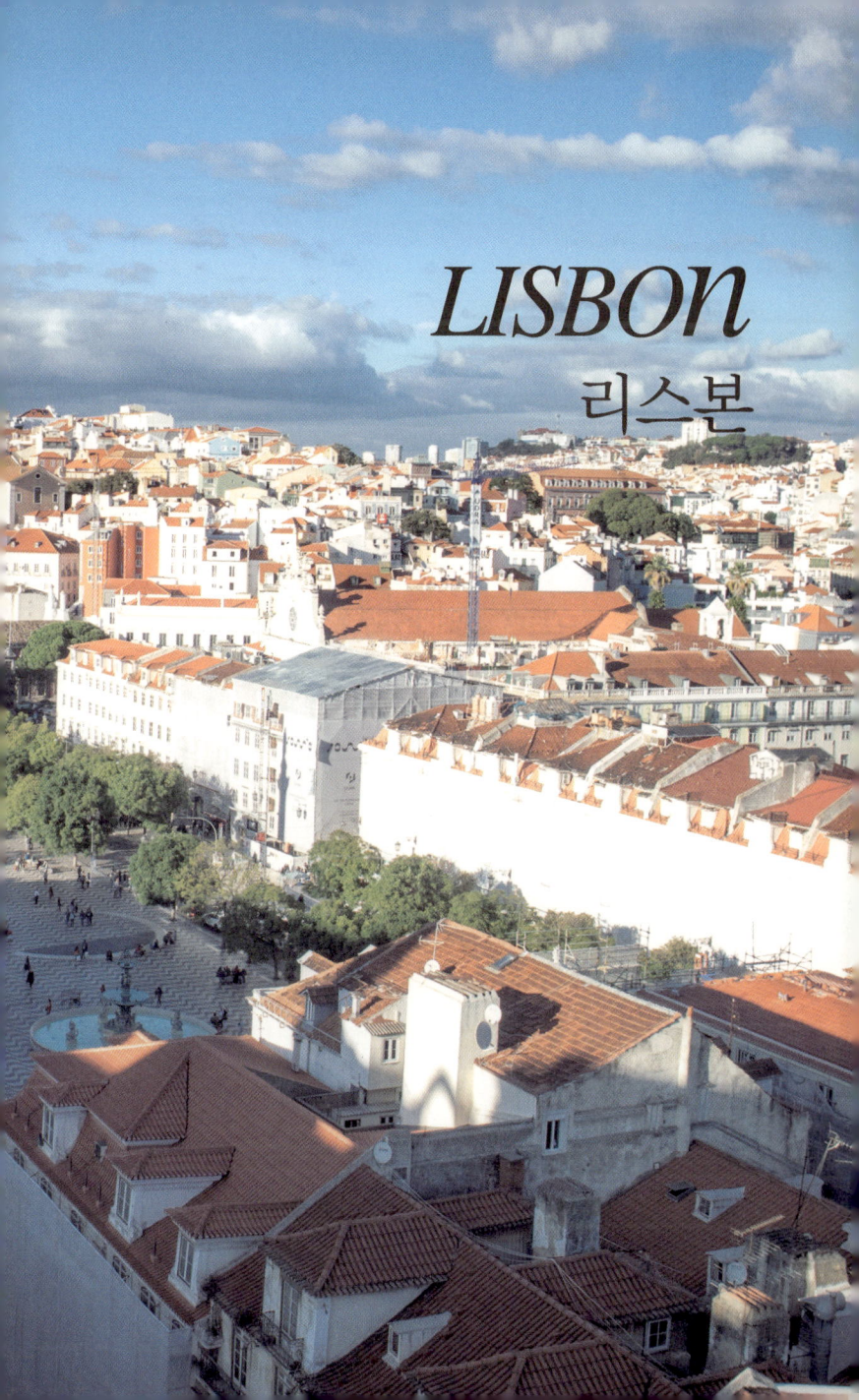

뜻밖의 군밤 타령

"우와, 장난 아니네!" 리스본에 도착해 나도 모르게 내뱉었던 말이다. 몇 십 년째 살고 있는 우리 동네도 언덕배기라면 어디 가서 지지 않을 거라고 생각했는데, 리스본은 진정 한 수 위였다. '7개의 언덕과 계곡으로 이루어진 도시'라는 명성답게 보기만 해도 아찔한 언덕길은 아줄레주Azulejo로 꾸며진 건물의 외관과 더불어 유럽의 어느 대도시에서도 만나기 어려운 독특한 분위기를 자아내고 있었다.

달그락달그락 캐리어를 끌고 숙소로 찾아가는 길. 저 멀리 하얀 연기들이 도시 곳곳을 가득 채우고 있었다. '어머, 불났나 봐!' 큰불이 난 줄 알고 걱정했던 것과는 다르게 소란스러

운 연기를 제외하고는 도시가 너무도 평온했다. 이게 도대체 무슨 일인지 알아보니 연기의 진원지는 바로 군밤을 태우는 기계였다. 그때 느꼈던 허탈함이라니. 한겨울도 아닌데 거리 곳곳 군밤 장사들이 어찌나 많은지 어리둥절할 뿐이었다. 그건 포르투갈의 다른 도시에서도 사람들이 많이 모이는 곳이면 나타나는 흔한 장면 중 하나였다. 상상이 되는가? 도시의 곳곳이 군밤으로 연기가 가득하다는 사실을. 포르투갈이 달콤한 에그타르트의 나라에서 난데없는 군밤의 나라로 각인된

순간이었다.

여기만의 특징이라면 밤을 구울 때 소금을 넣어 밤의 달달함에 소금이 더해져 단짠의 조화가 일품을 이룬다는 점이다. '군밤이 군밤이지 뭐~' 했는데, 바로 구워진 군밤은 껍질도 쉽게 까지고 따끈하면서 맛도 꽤나 좋았다. 쌀쌀한 날씨여서 그랬는지 포르투갈과 묘하게 어울리는 느낌이 들었다.

스페인이 화려하고 웅장한 대도시의 얼굴을 하고 있다면, 포르투갈은 수도인 리스본이라도 뭔가 소박한 시골의 향수를 불러일으킨다. 대도시의 높은 건물들 대신 오래된 건물이 현대와 함께 살아 숨 쉬고 있음이 느껴진다. 그래서 그럴까? 사람들도 조금 더 소박하고 친절한 것만 같다.

책 『빨강머리 앤』에서 앤은 "세상에는 즐거운 일이 정말 많아요. 우리가 모든 것을 다 안다면 사는 즐거움도 반으로 줄어들지 않을까요? 그럼 상상할 일도 없겠지요?"라고 말한다.

여행도 이와 비슷하지 않을까. 군밤처럼 내가 상상하고 생각했던 것과는 많이 달라 이런 의외성을 발견하면서 놀라고, 즐거워하는 것이 여행이 주는 묘미가 아닐까 싶다.

포르투갈을 방문했을 때 멀리 연기에 가려 앞이 보이지

않더라도 놀라지 마시길. 그리고 곧장 군밤 한 봉지를 손에 들고 거리 곳곳을 누벼 보는 건 어떨까. 그런 사소한 별것 아닌 일들이 추억이 되고, 여행의 소소한 즐거움이 될 테니까 말이다.

트램이 특별해 보이는 이유

트램이 하나씩 정류장에 들어설 때마다 앞사람이 얼마나 줄었나 목을 길게 빼 보았다. 몇 대가 와야 탈 수 있을까 가늠해 보다 이내 포기를 했다. 정류장은 트램을 타려는 사람들로 이미 만원이었고, 기다림에 내 인내심도 점점 바닥을 드러내고 있던 참이었다. 아마도 누군가와 함께였다면 기다리는 시간이 훨씬 수월했을 텐데, 혼자하는 여행은 이럴 때 좀 아쉽다. 사색하는 시간과 마냥 넋 놓고 기다리는 건 마음의 자세부터가 다르니 말이다.

오랜 기다림 끝에 트램에 몸을 싣게 되자 짜증을 냈던 게 언제라고 그새 온몸은 흥분으로 가득했다. 이제는 제법 눈에

익숙해진 아줄레주로 장식된 낡은 건물들과 언덕길이 어쩐지 트램의 창을 통해 바라볼 때는 전혀 모르는 곳에 온 것만 같았다. 마치 어느 멋진 도시의 풍경 사진을 바라보는 것처럼.

낯설게 느껴진 건 창밖 풍경만이 아니었다. 트램 안은 마치 시간 여행자의 마음이 이럴까 싶을 만큼 꽤나 인상적이었다. 옛 모습 그대로 내부가 모두 나무로 되어 있는 것도, 심지어 운행하는 것도 옛 방식 그대로이다. 세련되지도, 날렵하지도, 심지어 삐거덕거리는 숨 가쁜 소리가 연신 들려도 그저 일상인 듯 자신의 길을 묵묵히 걷고 있는 흡사 잘 숙련된 장인을 보는 것 같다고나 할까.

세월의 흔적을 고스란히 담고 있는 노란색의 트램은 유럽의 어느 나라에서도 느끼지 못하는 리스본만의 레트로한 감성과 재미를 주었다. 알파마 지구의 좁고 높은 굽이진 길을 트램으로 오르다 보면 언덕길 중간에 트램과 자동차가 한길에서 만나기도 하고, 때로는 지나가는 사람이 벽에 바짝 붙어야만 하는 위험천만(?)한 상황이 연출되기도 한다.

호시우 광장에서 시작해 알파마를 거쳐 시아두 지역으로 트램이 돌 때마다 나도 모르게 눈이 반짝이게 된다. 그때의

기대감과 흥분은 놀이동산에서 느꼈던 그것과 별반 다르지 않았다.

1901년부터 지금까지 단 하루도 중단되지 않고 무려 100년 이상을 운행하고 있다는 리스본의 트램들. 20년 동안 해 왔지만, 노력에 비해 항상 빛을 보지 못하고 뒤처지는 것만 같던 내게 '100년 이상을 뛰고 있는 나도 있다고, 그러니 다시 힘을 내라.'고 다독여주는 것만 같다.

어쩌면 특별함은 평범한 일상에 성실한 시간들이 함께 빚어낸 결과가 아닐까 싶다. 비록 지금은 버스에 밀려 27개에서 5개의 노선만이 운행되고 있지만, 그 남은 트램들이 보여준 '시간의 힘'은 100년이 흐른 지금에서야 명물로 불릴 만큼 빛을 보고 있는 것일지도 모르겠다.

인생은 희극일까

'처얼썩~' 부딪히는 파도와 끼룩끼룩 우는 갈매기들을 보고 있노라니 여기가 강인가 바다인가 싶었다. 분명 테주강이라고 했는데 도대체 이 효과음은 뭔지 어리둥절했다.

오후가 되니 테주강과 연결된 코메르시우 광장은 쏟아지는 사람들로 이미 축제였다. 여기저기 버스킹하는 젊은 예술가들을 향해 관광객들은 박수로 흥을 돋우고 있었다.

다소 드넓다고 느껴질 만큼 시원스레 펼쳐진 광장과 그를 병풍처럼 둘러싼 '승리의 아치' 아우구스타 개선문은 위풍당당하기 그지없었다. 그도 그럴 것이 1755년 발생한 대지진으로 도시의 대부분이 파괴되고 불에 탔지만, 기적적으로 재건에 성공한 것을 기념하기 위해 만들어진 곳이기 때문이다.

코메르시우 광장은 '왕궁 앞 정원'이라는 별칭처럼 대지진이 있기 전까지 250여 년 동안 왕들이 생활하던 마누엘 1세의 '리베이라 궁전'이 있던 곳이다. 지진과 쓰나미가 이곳에 있던 모든 것을 한순간에 휩쓸고 간 역사의 현장이자, 1908년 국왕 카를로스 1세와 왕세자 루이스 필리프가 이곳에서 공화당원에 의해 암살당한 슬픈 역사가 깃든 곳이기도 하다.

광장에는 폼발 수상과 함께 대지진을 슬기롭게 해결해 나간 왕 호세 1세의 동상이 우뚝 서 있다. 그는 대지진 당시 왕가의 식구들과 함께 해돋이 구경을 하던 터라 화를 면했다고

한다. 그럼에도 대지진의 후유증으로 극심한 폐소 공포증에 시달리다 리스본 교외의 아주다 언덕에 천막과 정자를 만들어 궁전 대신 그곳에서 살았다고 한다. 그러나 왕은 끝내 폐소 공포증을 이겨 내지 못한 채 세상을 뜨고 말았다. 한 나라의 왕이 이럴진대 대지진의 한가운데 있던 시민들의 고통은 어떠했을까. 집단적인 패닉과 공포에도 슬기롭게 이겨 낸 시민들이야말로 진정한 영웅이 아닐까 싶다.

"인생이란 가까이서 보면 비극이지만 멀리서 보면 희극이다. 그러므로 나는 멀리 보려고 노력한다."는 찰리 채플린의 말처럼 당장의 암울한 일들도 미래의 언젠가는 그래도 좋았던 날로 기억될 수 있다면, 마음이 힘든 이 시기를 조금 더 쉽게 견뎌낼 수 있지 않을까 그런 생각도 해본다. 그래서 지금 내게 무엇보다 필요한 건 스스로를 인정해 주고, 칭찬해 주는 시간이 아닐까.

운명을 노래하다

구글 맵이 알려 준 길에는 무슨 공사를 해서인지 길이 막혀 더 이상 진입이 어려웠다. 이 코너만 돌면 되는데, 하는 안타까움도 잠시 누구도 지나가지 않아 으슥하기까지 한 시아두의 언덕 꼭대기를 오르면서는 그런 감정마저도 잊었다. 헉헉대고 올라가노라니 낮에 쉽게 타고 올라갔던 푸니쿨라 생각이 절로 들었다. 기다리기 귀찮아 한번 걸어 볼까 했던 건데 후회막심이었다. 이런 길을 포르투갈 사람들은 어떻게 다니는 것인지 그저 놀라울 따름이다. 그러면서도 혹시나 파두 Fado 공연 시간에 늦을까 무거운 걸음을 재촉했다.

아마도 분위기에 압도당했다는 표현이 적절하지 않을까

싶다. 카페 안은 식사를 즐기는 사람과 나처럼 가볍게 와인을 즐기는 사람들로 가득이었지만, 어쩐지 분위기는 그와 반대로 꽤나 조용하고, 엄숙하기까지 했다. 현악기의 반주에 맞추어 검은 옷을 입은 여가수가 저 깊은 곳에서 내지르듯 부르는 애끓는 창법은 묘하게 우리의 트로트를 연상시켰다. 그 먼 옛날 바다에 나간 남편을, 연인을 하염없이 기다리고 기다리다 이내 사무치는 그리움을 노래로 그리기 시작했다던가. 리스본의 가난한 노동자들이 많이 산다는 알파마의 뒷골목에서 울려 퍼지던 파두는 그렇게 그들의 삶의 일부가 되었는지도 모르겠다.

'사우다드'의 정서가 우리의 '한'과 비슷해서 그런지 공연을 관람하는 내내 생소한 음악임에도 나는 자연스럽게 음악에 빠져들 수 있었다. '운명, 숙명'이라는 의미를 지닌 음악답게 꽤나 애절하고 구슬펐던 노래, 파두는 그렇게 내 마음속에 깊은 인상으로 각인되었다.

리스본의 뒷골목에서 불리던 포르투갈의 노래 파두를 전 세계에 알린 건 '파두의 여왕' 아말리에 호드리게스다. 사람들은 그녀가 파두고, 파두가 그녀라고 말한다. 포르투갈 사람들에게는 1999년 그녀의 죽음을 국장으로 사흘간이나 애도할 만큼 국민 가수 이상의 문화적 자존심을 표상하지 않았나 싶다. 아말리에의 대표곡인 〈검은 돛배〉, 〈어두운 숙명〉을 듣고 있노라면 '아~ 이것이 진정한 파두구나!' 느껴진다.

잠깐의 공연이었지만, 파두를 통해 포르투갈의 속살을 살짝이라도 들여다본 것 같아 꽤 즐거운 시간이었다. 리스본에 간다면 꼭 한번쯤 찾아봐야 할 소중한 경험이 아닐까 싶다. 더불어 낮의 리스본과 밤의 리스본이 얼마나 다른 얼굴로 우리를 맞는지 그 생기로 가득한 현장도 말이다.

다정한 위로

언제부터였을까? 어지간한 일에는 그렇게 감동하거나 놀라움을 느끼지 않게 된 것이. 나이를 먹는다는 건 매사에 시큰둥해지는 것일까. 그럼에도 불구하고, 여행에서는 나도 모르게 아이의 마음으로 돌아가 처음 보는 풍경이나 조형물에 놀라움을 표현하고, 감탄하는 것이 어렵지 않게 된다.

리스본에서의 첫날, 나도 어린아이처럼 눈을 동그랗게 뜨고 감탄사를 연발했던 때가 있었는데, 바로 산타 주스타 엘리베이터 전망대에 올랐을 때이다.

45미터 높이로 지어진 이 엘리베이터는 1902년 지어져 무려 100년이 넘는 역사를 자랑한다. 겉모습만 봐서는 엘리베

이터인지를 쉽게 연상시키지 못할 만큼 외관은 아름답기까지 하다. 다소 화려하게 쭉 뻗은 철제 건축물은 언뜻 파리의 에펠 탑을 연상시켰는데, 알고 보니 구스타브 에펠의 제자인 라울 메스니에르 드 퐁사르의 작품이었다.

이곳이 인기를 끄는 이유는 독특한 외관의 오래된 엘리베이터가 리스본의 랜드마크이기도 하지만, 엘리베이터를 타고 올라가면 만나는 전망대 덕분이다. 구불구불한 나선형 계단을 따라 전망대에 도착을 하게 되면 자신도 모르게 감탄사를 연발하게 된다. 막힌 곳 하나 없이 시원하게 360도로 리스본 시내 전경을 조망할 수 있는 최고의 전망대로, 상 조르제 성

과 테주강, 바이샤 지역, 국립 극장을 한눈에 볼 수 있다. 전망대에 올라 그 자리에서 한 바퀴를 돌았을 뿐인데 리스본을 전부 다 본 것이나 다름없을 정도이니, 왜 사람들이 그렇게 오래 기다리면서도 이곳을 오르고자 하는지 쉽게 이해가 된다.

부서지는 햇살을 맞으며 한참을 풍경을 넋을 잃고 보았다. 너무도 멋진 풍경이어서가 아니라 그저 보고 있는 것만으로도 마음이 편해졌기 때문이다. 파도 소리를 듣고 있으면 신경이 안정되는 것 같은 평화로움이 밀려들었다. 다른 모든 것들이 빠르게 지나가도 나만은 벚꽃 잎이 날리듯 고요한 시간을 유영하는 것만 같다. 그래서 포르투갈이 더 마음에 와 닿는

것이 아닐까 싶다. 특별함 없이도 마음에 위로를 주는, 떠나올 때 무거웠던 내 그림자마저도 가볍게 만들어 주는 안락함이 그곳에는 있었다.

나의 서점 답사기

리스본에는 오래된 것들이 참 많지만, 그중에서도 기네스북에 오른 세계 최초의 서점이 있다고 해서 길을 나섰다. 1732년에 설립된 곳이라니 어떤 모습일까 호기심이 일었다.

내가 서점에 방문했을 때는 작가가 쇼파에 앉아 독자들에게 사인을 해 주고, 사진을 찍는 사인회가 한창이었다. 많은 사람들이 모이지는 않았지만 정말 관심있는 사람들이 모였구나 느껴진 건 책에 대해 독자와 저자가 자유롭게 대화하는 모습이 꽤 진지했기 때문이다. 한국의 저자 사인회와는 조금 달라서 더 흥미로웠다고나 할까.

"유명하신 작가 분이신가요?"

Vende
Isaura Alves
962 149 473
RE/MAX
215 934 010
73
LIVRARIA & CAFÉ
75

Arte

"아뇨. 이번에 처음 책을 낸 주앙 캄포스라는 신인 작가에요. 앞으로 그런 작가가 되면 좋겠어요."

"어떤 책이에요?"

"소비자를 행복하게 만드는 것이 결국 실제 브랜드 가치를 높인다는 책이에요."

이 분야에 관심이 많은지 사인을 받기 위해 기다리던 여성은 내게 친절하게 설명을 해 주었다. 내 캐리어가 조금만 더 컸어도 사볼까 고민했을 텐데 이제 여행의 시작이라 짐을 늘릴 수는 없어 좀 아쉬웠다.

베르트랑 서점은 우리나라의 대형 서점들보다는 훨씬 더 아담하고 규모가 작았다. 둥근 천장에 회랑 같은 방들, 고풍스런 책장에 가지런히 꽂아져 있는 서점의 분위기는 꽤 차분했다. 길게 이어져 있는 방들 끝에는 포르투갈의 유명한 시인인 페르난도 페소아를 위한 방이 따로 마련되어 있다.

베르트랑 서점은 1755년 대지진 당시에는 예배당에서 운영되다가, 이후 1773년 시아두 지구 상점에서 서점을 다시 열어 지금까지 계속 이어 오고 있다. 몇 백 년 동안 이곳은 포르투갈 문인들이 문학에 대해, 시국에 대해 토론하고 고민하는 사랑방 역할을 해 왔다고 한다.

베르트랑에 대해 나름대로 조금 더 예스러운 모습을 기대했던 나에게는 평범한 서점들과 그리 다르지 않아 조금 실망스러웠다. 때로는 상상 속 모습이 실제의 조형물보다 더 아름다운 것 같다. 여행은 어쩌면 그 간극을 확인하는 시간이 아닐까, 그런 생각도 든다. 그럼에도 외관에서 드러나지 않는 이곳이 갖는 가치는 세월의 무게만큼이나 꽤 무겁고 진중하며, 오래도록 지켜야 할 문화유산임에는 분명한 것 같다.

포르투갈에는 꽤 독특한 형태의 서점들이 곳곳에 있어 여행을 하는 동안 색다른 경험들을 많이 했다. 책이 주는 가치를 소중히 여기고 지켜 나가는 이곳 서점의 모습을 보며, 일종의 어떤 책임감도 느껴진다. 세상에 나는 어떤 가치 있는 책을 내놓을 것인가에 대해서 말이다. 문학적으로 꽤 가치 있는 책들만을 엄선해서 큐레이션 한다는 베르트랑에 언젠가 내가 만든 책도 이곳에서 만나는 즐거운 상상을 해본다.

일몰을 즐기는 최고의 시간

알파마의 주황빛 집들과 푸른 테주 강변이 시원하게 펼쳐진 포르타스 두 솔 전망대까지는 트램으로 그리 오랜 시간이 걸리지 않았다. 맑고 푸른 하늘만큼이나 공기도 선선해 이곳에서 맥주를 마시며 시간을 보내고 싶은 충동이 잠시 일었지만, 이내 오늘의 목적지인 상 조르제 성으로 발길을 돌렸다.

얼마나 올랐을까? 리스본에 있는 7개의 언덕 중 가장 높은 곳에 있다는 말은 허언이 아니었다. 알파마 지구의 높고 미로 같은 골목길을 따라 "힘들다"를 몇 번이나 외치고서야 마주하게 된 상 조르제 성. 이곳까지 오르는 건 꽤 힘들었지만 대도시 같지 않은 소박하고 정감 가는 집들과 사람들을 만나는 건 상당히 즐거운 일이었다. 게다가 길이 아닌 집의 테라스에서

펼쳐지는 버스킹도 꽤 색다른 경험을 안겨 주었다.

  거대한 악룡을 물리치고 카파도키아의 왕 세르비오스의 공주를 구한 영국의 수호성인 세인트 조지. 그에게 헌정함으로써 포르투갈의 안녕을 염원했다고 하는 상 조르제 성은 안타깝게도 리스본 대지진으로 성벽과 터만 남은 상황이었다.

  낡고 바랜 이곳은 성으로서의 가치보다는 전망대로서 더 빛을 발하는 것 같다. 리스본에서 일몰을 보기에 가장 멋진 곳을 꼽으라면 나는 주저 없이 이곳을 선택할 것이다. 성곽에서 보는 일몰도 멋지지만, 성을 중심에서 사방으로 펼쳐지는 리스본의 전경은 또 다른 즐거움을 선사한다. 맞은편 전망대에서 상 조르제 성을 마주보던 전망과 이곳에서 내려다 보는 리스본 시내는 왠지 다른 곳처럼 느껴졌다.

  시내를 향해 있는 돌로 만들어진 테이블에는 벌써 일몰을 즐기려는 사람들과 사진을 찍는 사람들로 가득하다. 나도 성 안의 작은 노천 카페에서 파는 와인 한 잔을 들고 멀리 4월25일 다리 뒤로 넘어가는 태양을 바라보았다. 너무 아름다운 광경인데도 왠지 모르게 서글픈 감정이 들었다.

유시민 작가는 한 TV 프로그램에서 "해는 서산으로 넘어갔지만 붉은 노을은 남아 있다. 내 삶이 만들어 낸 어떤 것이 여운을 좀 남기면 괜찮은 끝이 아닐까?"라는 인상 깊은 말을 남겼다. '나'라는 사람이 만들어 가는 역사가 누군가에게도 향기로운 여운을 남기려면 어떻게 살아야 할까, 한번쯤 고민해 보는 이 시간도 의미가 있지 않을까. 아름다운 석양이 지는 눈부신 이 장면은 꽤 오랫동안 기억에 남을 것만 같다.

리스본행 야간열차

알파마 지구를 정면으로 마주하고 있는 상 페드루 지 알칸타라 전망대 앞에 서 있으니 마치 내가 영화 속 한 장면으로 걸어들어온 것만 같았다. 영화 〈리스본행 야간열차〉에서처럼 멋진 야경은 아니었지만 말이다.

영화 〈리스본행 야간열차〉의 주인공 그레고리우스는 지루한 삶을 살던 중 우연히 자살 시도를 하던 여인을 구한다. 그리고 홀연히 사라진 여자의 옷 속에서 발견된 한 권의 책과 리스본행 기차표. 그는 기차역에서 혹시나 여인이 나타날까 기다렸지만 모습을 보이지 않자 충동적으로 기차에 몸을 싣는다. 그리고 여자가 남기고 간 책 『언어의 연금술사』를 읽기

시작한다. 자신의 삶에 꼭 필요한 조언을 가득 담은 책을 발견하자 그는 이 책의 저자인 아마데우를 만나기 위해 리스본의 곳곳을 찾아 나선다. 우연인 듯 필연처럼 연결되는 사건들 속에서 아마데우의 삶을 만나게 되고, 결국은 그 자신의 삶도 변하는 계기를 맞게 된다.

당연한 말이지만, 사람은 무언가에 대해 포기하는 것은 쉬워도 내 삶에 깊숙이 배어 있는 것들을 변화시키는 건 상당히 어렵다. 몇 해 전 여행 도중 한 호스텔에서 만난 친구들이 있다. 그중 애교 많고 싹싹한 성격의 여성 분이 있었다. 태어났을 때부터 애교라는 유전자가 없는 것이 확실한 나와는 너무도 달라서 눈에 띄었다고나 할까. 각자 혼자 와서 함께 어울리게 된 사람들이었는데, 한정판으로 나왔다는 한 남자분의 시계가 그 애교 있는 여자 분의 손목으로 하루 만에 옮겨 간 걸 보았다. 여행 후에 친구들에게 "나도 애교 있는 여자로 변신하겠어!"라고 말하자, 친구들은 하나 같이 콧방귀를 끼며 "그러려면 넌 다시 태어나야 해."라는 말을 했다. 아마도 무언가를 바꾼다는 건 이런 것이 아닐까 싶다. 그 의지가 아주 굳건하지 않으면 변화하는 건 말처럼 쉽지 않다.

모든 사람들이 인생의 변곡점을 영화처럼 이렇게 극적인 상황으로 맞는 것은 아닐 것이다. 그렇지만 적어도 한 사람의 인생을 반추하며 나를 되돌아보는 시간을 갖는 건 꽤 의미 있는 일이 아닐까 싶다. 적어도 길을 잃고 어디로 가야 할지 방황하고 있는 사람이라면. "인생이란 우리 자신을 향한 여행"이라는 책 속 글귀처럼, 어쩌면 여행이 시작되기 전부터 나는 이미 '나를 찾기 위한 여행'을 시작했던 것은 아니었을까 생각해본다.

아찔한 언덕길을 푸니쿨라 글로리아에 의지해 쉽게 올라왔듯, 내게 맞는 『언어의 연금술사』가 찾아오기를 기대해본다. 그리고 〈리스본행 야간열차〉 속 수채화처럼 아름답게 등장하는 리스본 속으로 들어가 영화 속 한 장면이 되어 보리라 다짐도 해본다.

여유를 마시는 모든 순간

한국으로 여행을 온 외국인들이 한국의 문화와 음식을 즐기는 모습을 담고 있는 TV 프로그램 〈어서와 한국은 처음이지〉에서 나는 핀란드 편을 꽤 즐겁게 보았던 기억이 있다. 패널로 출연한 페트리의 친구 빌레는 한국의 전통주인 막걸리와 사랑에 빠져 이후 핀란드에서 막걸리를 직접 제조해서 즐기는 모습이 따로 소개가 될 정도였다. 우리네 음식에 빠져 먹방을 찍는 모습은 재미도 있었지만 우리 것에 대한 자부심도 느껴졌다.

내가 꽤 인상 깊게 봤던 장면은 핀란드 친구들이 한 식당에서 술을 주문하며 "낮술을 하려니 죄책감이 든다."고 말했던 모습이다. 난생 처음 혼자 여행을 떠났을 때 맥주와 함께

밥을 먹고 싶은데, 왠지 죄를 짓는 것만 같아 나도 쭈뼛대던 기억이 있다. '이래도 되나?' 싶은 마음과 '유럽이라는 먼 타지에서 누가 나를 알겠는가' 싶은 마음이 꽤나 치열하게 충돌했던 기억이 생생하다. 나만 그런가 했는데 유럽에서도 낮술에 대한 생각은 나라마다 다르다는 것이 꽤 흥미롭게 느껴졌다.

밥을 먹기에 애매한 낮 시간, 리스본 거리를 어슬렁거리다 유명하다는 맥주집으로 발길을 돌렸다. 리스본은 좀 이상한 도시다. 대지진으로 대부분의 건물들이 무너져 내려 오래된 것들이 없는데도 또 오래된 것들이 넘쳐난다. 건물뿐만 아니라 식당들도 100년 넘은 것들이 꽤 많다. 우리에게서 쉽게 찾을 수 없는 모습이어서 그런지 더욱더 호기심을 자극하는 것만 같다.

이 맥주집은 무려 180년이 넘었다. 포르투갈의 대표 맥주 회사 중 하나인 사그레스에서 옛 수도원을 매입해 개조했다고 한다. 그래서 그런지 넓은 홀과 높은 천장에 아줄레주로 꾸며진 모습이 눈길을 끌었다.

톡 쏘는 짜릿한 생맥주 한 모금에 아팠던 다리의 피로가

풀리는 것 같다. 맥주를 마시며 이후 어디를 가야 하나 부지런히 여행 책자를 뒤지고 있는데, 이내 가볍게 펍을 즐기려는 사람들로 안은 북적이기 시작했다. 급할 것 없이 편하게 즐기는 사람들의 모습에 불현듯 그들이 마시는 건 맥주가 아니라 여유가 아닐까 싶었다. 나 혼자만 마음속 시계가 부지런히 뛰어가고 있었나 보다.

몇 해 전 크로아티아 스플리트에서 흐바르 섬으로 당일치기 여행을 떠난 적이 있다. 이곳에서 만났던 한국 분들과 잠시 이야기를 나누던 중 내가 생각지 못했던 좀 충격적인 이야기를 들었던 기억이 난다. "페리에서 내리자마자 어찌나 쏜살같이 가시든지 되게 급해 보이셨어요."라는 것이 아닌가. 전혀 그런 상황도 아니었고, 그런 마음도 없었는데 말이다.

여행에서의 이런 행동은 일상생활을 고스란히 반영하고 있는 듯하다. 가끔 숨이 막힐 만큼 벅차고, 힘이 들어도 그것이 성실한 생활의 모습이라고 애써 자위自慰하며 여백 없이 보냈던 것 같다. 시간이 아닌 마음의 여유를 갖는 것. 이 여행이 나에게 주는 커다란 숙제 같다. 이번만큼은 여유롭고 한가하게 즐기자 했던 마음이 언제라고 그새 먹물처럼 다급함이 번졌나 보다.

BELEM
벨렝

포르투갈의 화양연화

세계 최초의 해양 제국을 건설한 나라 포르투갈. 우리처럼 반도이면서 외세의 침략으로 오랜 시간 지배를 받았던 나라. 그렇지만 우리와는 다르게 다른 식민지들을 오랜 시간 거느렸던 나라가 또 포르투갈이기도 하다.

포르투갈의 건국에 십자군의 역할이 컸듯, 그들의 뒤를 이은 그리스도 기사단은 엔히크 왕자가 바다 너머 미지의 세계를 정복하는 모든 순간을 함께했다. 1415년 아프리카 세우타 정복을 시작으로, 1498년 바스쿠 다 가마가 인도 항로를 개척하여 이후 브라질까지 식민지화하는 데 그들은 결정적인 역할을 했다. 수도사이자 전사이기도 한 그들은 이베리아 반도뿐 아니라 모든 곳에 이슬람을 물리치고 가톨릭을 전파하기 위한 사명감으로 똘똘 뭉쳐 있었다고 해도 과언이 아닐 것이다. 그들의 눈부신 활약으로 포르투갈 왕국은 엄청난 부와 영광을 누렸고, 그것에 대한 감사의 표시로 수많은 교회와 수도원을 짓는 데 할애했다. 그런 역사의 산증인처럼 자리하고 있는 곳이 바로 벨렝 지구이다. 유네스코 세계 문화유산으로 지정될 만큼 대항해 시대의 역사적 산물들이 모여 있어, 어쩌면 포르투갈의 역사에서 가장 아름답고 행복했던 화양연화花樣年華를 느낄 수 있는 곳이 아닐까 싶다.

15번 트램이 호시우 광장 안으로 들어서자 사람들이 우르르 모여들었다. 혹시나 서서 가는 건 아닐까 했는데 운 좋게 앉아 갈 수 있었다. 왠지 소풍을 가는 것 같은 설렘과 흥분이 트램 안의 다른 사람들에게서도 느껴졌다.

트램을 타면 30~40분 정도면 벨렝에 닿을 수 있어 이곳을 찾는 관광객들이 많다 보니 덩달아 소매치기들이 기승을 부리는 곳이 이 트램 안이라고 한다. 실제 같은 숙소에 머물렀던 친구는 트램 안에서 접근하던 소매치기가 도착해서도 내내 스토커처럼 따라다녔다고 하니 유럽의 소매치기는 나라를 가리지 않는 듯하다.

트램이 재미도 있고 나름 낭만적인 구석이 있지만, 단점은 어디가 어디인지 알려 주지 않는다는 점이다. 어디서 내리라는 정보는 없었지만 그다지 걱정하지 않았다. 이럴 때는 그저 사람들이 우르르 내리는 곳에 따라 내리면 필시 관광지로 유명한 곳일 확률이 높다. 역시 이 진리는 이번에도 배반하지 않았다.

트램에서 내려 어디로 가야 하나 주위를 둘러보는데, 역시나 많은 사람들이 한 방향으로 몰려가기에 나도 그 대열에 합류했다. 얼마 지나지 않아 바로 코너에 누구든 단번에 찾을 수밖에 없을 정도로 존재감을 드러내는 제로니무스 수도원이 대로변에 자리하고 있었다. 책으로만 보던 수도원은 그 명성만큼이나 압도적인 규모로 시선을 끌었다. 그 길이가 300미터나 돼 끝에서 끝을 보는 것이 쉽지 않을 정도였다.

제로니무스 수도원은 인도 항로를 개척하고 무사히 귀환한 바스쿠 다 가마로 인해 엄청난 부를 축적하게 되자, 신에게 감사를 드리기 위해 마누엘 1세의 지시로 증축되기 시작했다. 포르투갈이 스페인에 합병되어 한때 건설이 중단되었지만, 독립되면서 왕실의 묘비로 사용되었다고 한다. 이 수도

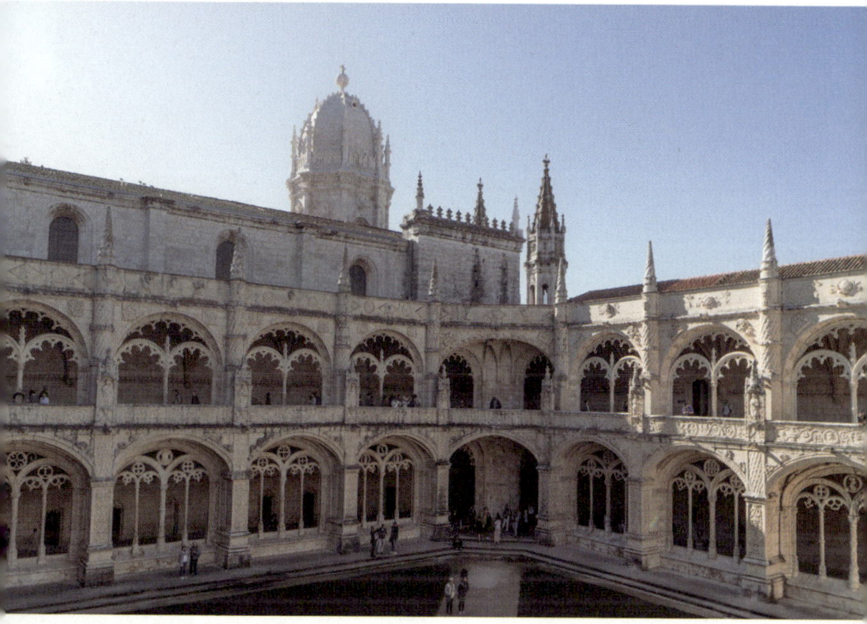

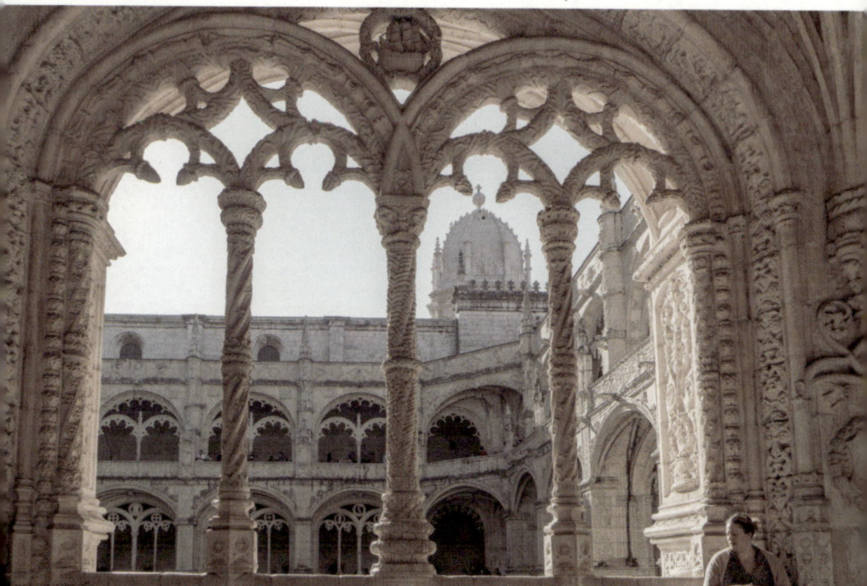

원은 1501년에 시작되어 무려 100년 동안 지어졌다고 하니 얼마나 공을 들였을지 짐작하기조차 어렵다. 이 수도원에는 마누엘 1세뿐만 아니라 바스쿠 다 가마, 포르투갈의 국민 시인 루이스 드 카몽이스 등의 묘가 안치되어 있다.

생각보다 훨씬 크고 넓은 수도원의 회랑을 보며 스페인의 알함브라 궁전에서 느꼈던 전율을 다시 한 번 느꼈다면 좀 과장일까? 보자마자 감탄사가 절로 나올 만큼 '건축물이 이렇게 아름다울 수도 있구나' 했다. 화려함과 웅장함 속에 평화로움과 고요가 상존하는 포르투갈 최고의 건축물이 아닐까 싶다.

응답하라 대항해 시대여!

화창한 날씨만큼이나 거리는 관광객들로 넘쳐났다. 다음은 어디로 어떻게 가야 할지 고민이 되지 않을 만큼 벨렝은 둘러보면 굵직한 조형물들이 눈에 들어왔다.

수도원 맞은편 테주 강변에 우뚝 서 있는 거대한 조형물은 멀리서 보기에도 그 크기가 가늠이 되지 않았다. 항해왕 엔히크 왕자의 사후 500주년을 기념해 1960년에 만들어진 발견 기념비이다. 무려 높이가 52미터나 된다고 하니 어지간히 멀리서 찍지 않으면 카메라에 모두 담기가 쉽지 않을 크기였다. 개인적으로 이렇게 거대한 기념비는 어디서도 보지 못했던 것 같다.

바다를 향하고 있는 발견 기념비에는 엔히크 왕자와 탐험

69

가 등 포르투갈의 영웅들이 줄지어 있다. 카라벨선船을 들고 있는 엔히크 왕자를 선두로 오른쪽과 왼쪽에 정렬된 인물들이 달라 가이드북과 맞춰 보기도 했다. 그중 유일하게 종이를 들고 있는 카몽이스의 모습은 꽤 인상적이었다.

발견 기념비 주위 바닥에는 너무 커서 한눈에 들어오지는 않지만 50미터 너비의 '바람의 장미'라고 불리는 나침반이 장식되어 있다. 그 안의 세계 지도에는 포르투갈이 정복하고 발견했던 지역들이 표기되어 있다. 과거 대항해 시대를 동경하는 포르투갈 사람들의 마음이 담겨 있는 조형물이 아닌가 싶다.

발견 기념비에서 잠시 시간을 보내다 강의 북쪽 끝 멀리 보이는 벨렝 탑으로 자리를 옮겼다. 숨 막히게 더웠던 날 2시간 남짓 기다리는 시간은 내 인내심을 테스트하기 딱 좋았다. 꼭 보고야 말겠다는 의지가 아니라 기다린 시간이 아까워서라도 들어가 보겠다 결심했던 곳이기도 하다.

1515년 마누엘 1세가 인도 항로를 개척하고 돌아온 바스쿠 다 가마의 위업을 기리기 위해 세운 탑으로, 1519년 탑이 완공된 이후에는 대서양으로 떠나는 배들의 출발지이자 리스본으로 들어오는 외국 선박들을 감시하는 요새로 활용되었다고 한다. 탑의 외관이 드레스를 늘어뜨린 여인의 모습과 닮았다 해서 '테주강의 귀부인'이라는 별칭이 붙었다던가. 그래서

그런지 더 우아해 보이기까지 했다.

마누엘 양식으로 장식된 이 화려하고 아름다운 탑은 3층으로 이루어져 있다. 탑의 1층은 16세기 스페인에 점령되면서 감옥으로 사용되기 시작해 19세기에는 정치범들의 수용소로 이용되었다. 실제 밀물 때에는 물이 들어차 천장의 작은 쇠창살에 매달려 숨을 쉬어야 하는 수중 감옥으로 악명이 높았다고 한다. 그들에게는 이 감옥에 수용된 것만으로도 꽤 잔인한 형벌이었을 듯싶다. 2층에는 선박을 수호하고 무사히 귀환할 수 있도록 도와준다는 '벨렝의 마리아 상'이 자리하고 있고, 3층의 테라스는 시원스레 펼쳐진 테주강과 주변 일대를 한눈에 내려보기에 더없이 좋았다.

벨렝 탑은 현재 다리만 건너면 들어갈 수 있는데 원래는 바다 위에 지어진 건축물이다. 대지진의 여파로 밀물과 썰물에 따라 바닷물이 빠져 탑이 육지 위로 드러나기 시작했다고 한다.

난생 처음 마차 박물관

"머리가 나쁘면 몸이 고생한다."라는 말은 나를 두고 하는 것이 아닐까 싶을 만큼 가끔 무모한 도전을 하곤 한다. 사실은 벨렝을 둘러보고 오후에는 4월25일 다리와 그리스도 기념비를 볼 예정이었다. 민박집에서 나누어 준 여행 설명서에 카이스 두 소두레 역이 가깝게 표시되어 있어 걸어가도 되지 않을까 그런 착각을 했다.

강변을 따라 걷다가 너무 힘이 들어 트램이나 버스를 타야겠다고 생각하고 나오던 중 만난 곳이 바로 마차 박물관이었다. 리스보아 카드가 있으면 무료로 입장이 가능하다고 해서 뜨거운 태양만큼이나 타들어 갈 것 같은 발바닥을 식혀 줄 겸 들어가 보았다.

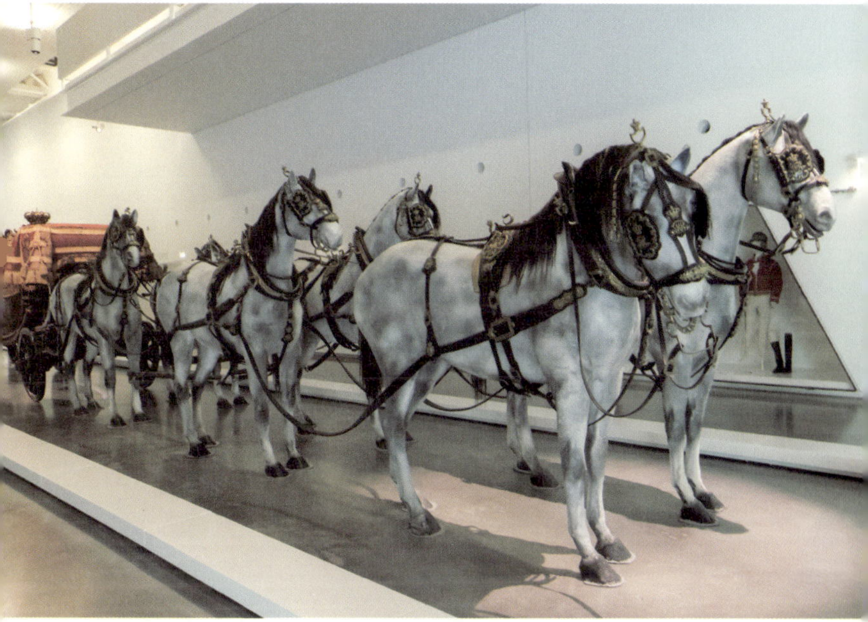

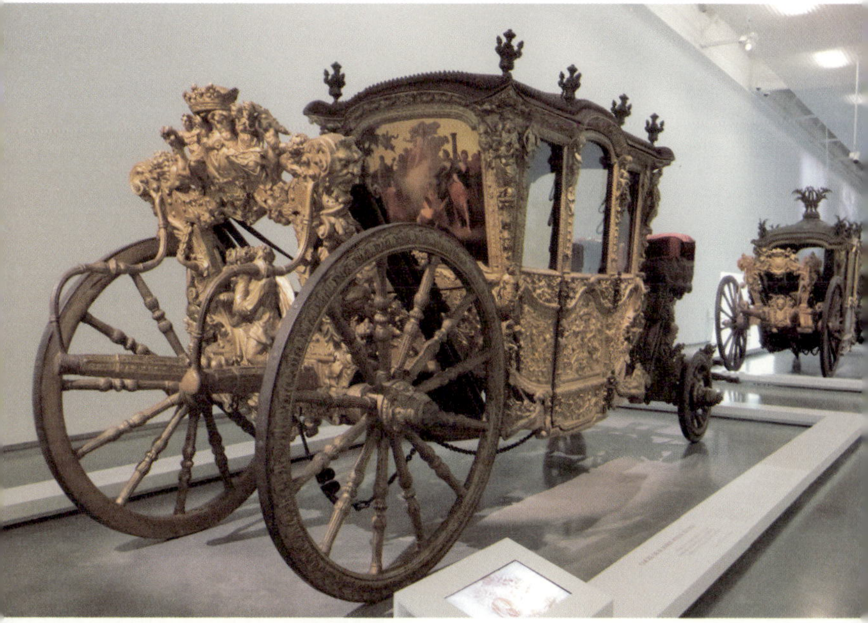

지금은 사람들이 집이나 건물, 자동차로 부를 과시하지만 그 옛날 사람들은 어떤 것으로 자신의 능력을 드러냈을까? 영화나 만화에서처럼 멋진 집이나 노예, 금은보화 같은 것으로만 단순하게 생각을 했었는데, 전시된 마차를 둘러보면서 가히 마차에 대한 재발견의 시간이 아니었나 싶다.

난생 처음 보는 마차 박물관은 그 규모가 상당하다고는 할 수 없으나 전시된 마차의 화려한 자태에 감탄이 절로 나왔다.

귀족들이나 상류 계층의 전유물이었을 마차에 대한 역사를 한눈에 확인으로 볼 수 있어 꽤 흥미로웠다.

'그 많던 마차들은 다 어디로 사라졌을까', '마차의 가격은 얼마나 했을까', '나라면 어떤 것을 고를까' 등 카메라에 부지런히 마차의 모습을 담으면서 잠시 즐거운 상상도 해보았다. 이곳만큼 많은 마차를 볼 수 있는 곳은 없다고 하니 벨렝을 방문한다면 한번쯤 봐도 좋지 싶다. 어디서 보기 어려운 마차의 세계에 빠져들게 될 것이다.

에그타르트의 원조를 찾아서

 나에게 포르투갈은 이제는 애증의 선수가 된 호날두의 나라, 그리고 에그타르트의 원조라는 것 정도가 전부였다. 그러니 꼭 가야 할 곳의 1순위는 너무도 당연하게 원조 에그타르트 집인 파스테이스 지 벨렝을 방문하는 것이었다.

 대로변 카페 밖은 붐비는 사람들로 정신이 없을 정도였다. 카페 안에서 먹으려면 무조건 안으로 들어가면 된다는 민박집의 꿀팁을 안고 당당하게 안으로 들어갔다. 크다는 말은 들었지만, 이 정도로 넓은 홀들이 나올 거라고는 예상하지 못했다. 밖에서 보던 것과 달리 약 400여 개의 좌석이 있어 조금 기다리자 바로 자리가 났다.

 이 빵집은 제로니무스 수도원의 수녀에게 전수를 받아 약

180년간 5대째 이어 오고 있다. 수도원에서는 수도복에 달걀 흰자만을 이용해 풀을 먹이기 때문에 남는 노른자로 에그타르트를 만들어 먹었는데, 재정난으로 옆에 있던 이 빵집에 비법을 전수해 주었다고 한다. 하루 평균 2만 개를 만들 정도로 언제나 사람들로 북적이다 보니 벨렝의 또다른 문화 상품이 된 것만 같다.

    이곳의 반죽과 타르트 속의 커스터드 크림 제조 비법은 전 세계에 3명만 알고 있다고 한다. 만약의 사고를 미연에 방지하기 위해 수도원에서 전수받은 사람과 카페 사장님, 공장장 이 세 사람은 함께 여행을 갈 수도 없고, 같은 음식점에서 음

식을 먹을 수도 없다고 하니 보안을 얼마나 철저하게 하는지 짐작이 된다.

  오래 기다리지 않아 노란색의 먹음직한 타르트가 나왔다. 슈가 파우더와 시나몬 가루를 타르트 위에 뿌려 한입 베어 문 순간 내가 지금까지 먹었던 에그타르트는 에그타르트가 아니었음을 알게 되었다. 커피와의 조화도 훌륭하고, 바삭한 페스트리에 너무 달지도 않으면서 부드러운 커스터드 크림의 조화는 정말 엄지를 세울 만했다. 벨렝은 이 타르트를 맛보기 위해서라도 꼭 한번은 방문할 이유가 되지 않을까 싶다.

  타르트를 포장해 오지 않았던 걸 후회했었는데, 리스본 시내에도 그에 못지 않은 에그타르트 집이 있었다. 식어도 맛있다고 소문난 콘페이타리아 나시오날. 1829년에 시작된 이 빵집은 빵 종류가 많아 눈을 즐겁게 해 주었다. 벨렝에 들를 시간이 되지 않는 사람들에게 꼭 추천해 주고픈 곳이다. 사실 포르투갈 어디를 가도 일정 수준 이상의 에그타르트 맛을 볼 수 있는 것 같다. 여행에서 돌아와 가끔 우울하고, 힘들 때 그 달달하고 부드러운 타르트가 그리워진다.

포르투갈의 에덴동산

나는 여행지에서 가끔 가이드 투어를 이용하는 편이다. 아는 만큼 보인다고 가이드가 짚어 주는 역사적인 의미와 숨겨진

이야기들을 듣고 나면 전에 보이지 않던 것들이 보이며, 더 오랫동안 기억에 남는 것 같다.

오늘은 리스본에서 근교 도시로 가장 많이 찾는 곳이자, 영국의 시인 바이런이 아름다움을 극찬한 "포르투갈의 에덴 동산" 신트라로 투어를 떠났다. 도시 전체가 문화경관으로 선정이 된 중세 유적지답게 볼거리가 풍부해 시간이 부족하다 싶을 정도였다.

신트라에서의 첫 방문지는 '백만장자의 별장'이라는 별칭이 붙은 헤갈레이라 별장이다. 이 별장의 주인인 카르발류 몬

테이루는 커피 무역으로 거부가 된 아버지의 재산을 상속받았다. 1892년 그는 이곳을 사들여 당대의 유명한 건축가 루이지 마니니에게 의뢰해 카르발류 가문의 여름 별장으로 완전히 새롭게 탈바꿈시켰다. 한 개인의 별장이라고 하기에는 너무도 거대한 약 4만제곱미터의 땅1만 2,100평에 호수, 정원을 포함한 다수의 건축물을 지었다. 다른 종류의 가우디 건축물이 아닐까 싶을 만큼 꽤나 독창적이고 심오한 사상을 이 별장 안에 담아 이곳을 돌면서 꽤 신비롭다는 느낌을 받았다. 평소 나비를 수집하는 게 취미였던 백만장자의 생활에 맞춰 별장 곳곳은 꽃들을 항시 볼 수 있게 숲속 같은 정원이 꾸며져 있다.

"이 별장은 몬테이루 사망 이후 그의 자식들이 팔아 버려 현재 신트라 주에서 관리하고 있어요."

"어머나, 그냥 가지고 있었으면 지금 더 큰 부자가 되었을 텐데 아깝네요."

"아마도, 이곳을 전부 돌고 나면 왜 그의 자녀들이 팔았는지 이해가 되실 거예요."

몬테이루는 이 정원을 새롭게 뜯어고치며 정원 곳곳에 의미심장한 표식들을 남겼다. 별장 입구에는 '헤갈레이라의 원천'이라고 하는 탑이 있는데, 이것은 땅 위에 지은 것 같지만 사실 땅속에 지은 것이라고 한다. 나선형 계단이 지하 9층까지 연결되어 있는데, 이것은 단테의 『신곡』에 등장하는 지옥으로 가는 단계에 대한 표현이라고 한다. 지하 탑은 인공 동굴과 폭포 호수 등과 연결되어 있다.

가이드의 설명으로는 이곳에서 프리메이슨의 입단식이 치러졌다고 한다. 예배당 안의 그림이나 예배당 천장에 프리메이슨의 표식을 새겨 넣은 것으로 보아 별장 주인의 단순한 호기심만은 아닌 듯하다. 그런 말을 들어서인지, 처음 이곳을 보았을 때의 몽환적인 느낌과는 다소 괴리감이 느껴졌다. 그럼에도 신비한 숲속을 거닐 듯 오솔길을 예쁘게 만들어 놓아 한번쯤 방문해도 좋지 않을까 싶다.

동화의 나라 '페나 성'

신트라 시내 골목들이 왠지 익숙하다 했더니 이 도시 역시 무어인들이 만든 도시답게 리스본의 알파마 지구처럼 구불구불한 골목길이 꼭대기까지 미로처럼 연결되어 있다.

저 멀리 산꼭대기에 돌로 쌓아진 무어인의 성은 굳건하게 세워져 있는 모습처럼 아폰수 1세가 1147년 이곳을 점령하기 전까지 레콩키스타에 저항하는 이슬람인들의 방어 요새로 사용되었다. 리스본 대지진으로 성이 무너져 내려 폐허가 되었으나 페르디난드 2세가 페나 성을 개축할 때 함께 복원되었다고 한다. 기교 없는 옹골진 모습의 무어인의 성은 역시 산꼭대기에 자리한 알록달록 화려한 페나 성과 묘한 대비를 이루었다.

페나 성을 오르는 길은 꽤 힘든 편이었지만, 세계 10대 성으로 선정될 만큼 독특한 성의 모습은 충분히 눈길을 끌 만했다. 원래 이곳은 마누엘 1세가 가톨릭을 강화하기 위해 신트라의 두 번째로 높은 봉우리에 페나 수도원을 건립했으나 리스본 대지진으로 인해 수도원이 폐허가 되었고, 이후 1838년 페르디난드 2세가 그의 왕비 마리아 2세를 위해 여름 궁전을 짓도록 지시하면서 페나 성으로 거듭나게 되었다.

처음 페나 성을 보았을 때는 '아니, 한 국가의 왕궁에 노란색과 빨간색의 페인트가 웬 말인가'라며 그 촌스러움에 화들짝 놀랐다. 그런데 놀이동산에서나 봄직한 이런 촌스러움이 의외로 이 성만의 상징이 될 수도 있겠다는 생각이 들었다.

페르디난드 2세는 사촌이었던 독일의 루트비히 2세의 노이슈반슈타인 성을 몹시도 부러워해 그 성을 건축한 루트비히 폰 에슈테케에게 페나 성의 건축을 부탁했다고 한다. 경쟁심 때문인지 모든 좋다고 하는 양식들을 모두 망라해서 짓다 보니 마누엘 양식, 이슬람 양식, 고식 양식이 혼재된 독특한 성이 완성되었다. 그러나 루트비히 2세가 성의 완공을 보지 못하고 죽은 것처럼, 페르디난드 2세의 왕비 마리아 2세

또한 자녀의 출산 중 사망하여 성의 완성을 보지 못한 것으로 알려졌다.

신트라에 왔다면 꼭 먹어 봐야 할 것이 있는데, 그중 하나가 체리주를 초콜릿 잔에 넣어 마시는 포르투갈 전통주 진자 Ginja이다. 투어에 나섰던 우리 모두는 직접 체리주를 담가 파는 곳으로 가이드가 소개를 해 주어서 한낮임에도 불구하고 낮술을 즐겼다. 생각보다 꽤 독한 듯했지만, 초콜릿과 함께 즐기는 술이라니 어디서도 해보지 못한 즐거운 경험이었다. 그리고 1862년에 문을 열었다는 한 카페에서 신트라에서만

맛볼 수 있는 달지만 커피와 즐기기에 좋은 치즈케이크인 케이자다와 트라베세이루는 달콤한 디저트 시간을 선사했다.

CABO DA ROCA

카보 다 호카

땅이 끝나고, 바다가 시작되는 곳

누군가에게는 끝이었을, 누군가에게는 시작이었을 대서양의 끝. '세상의 끝'이라는 단어가 주는 감상은 사람마다 다르겠지만, 나는 대서양의 그 끝에 서 있다는 것만으로도 설레고, 뭔가 벅찬 감정이 들었다. 그것이 비록 북극이나 남극처럼 최극단을 탐험하는 사람들과는 비교하기 어려울지라도.

실제 마주한 카보 다 호카곶는 제주도의 섭지코지와 너무 흡사해 놀라움을 안겨 주었다. 높은 파도와 150미터 절벽 위에 서 있는 붉은색의 등대도 무척 인상적이었다. 이 등대는 1772년 처음 불이 켜진 이후 미지의 땅을 찾아 나서는 무수한 뱃사람들의 길잡이가 되었으리라.

누군가의 인생에 길잡이가 되어 준다는 건 어떤 걸까? 한

블로그에 어느 출판사 대표의 자전적인 이야기가 소개된 적이 있다. 그분은 창업하기 전 자신을 이끌어 준 인생의 스승으로 전에 다니던 회사 사장님들을 꼽았다. 그 글을 읽고, 나는 솔직히 부럽다는 생각을 했다. 지금까지 살면서 내 멘토가 되어 줄 만한 사람이 머물렀던 곳에서는 마땅히 없었다고 여긴 탓이다. 그러나 어쩌면 누군가를 받아들이고, 따를 마음의 준비가 되어 있지 않았던 것은 아니었을까 싶다. 누군가의 조언을 조언으로 받아들이지 못하던 어린 내가 지금은 어른이 되었나 되돌아보게 된다. 말처럼 쉽지 않은 탓이다.

  이곳이 땅끝 마을임을 나타내는 기념비에는 사람들이 줄

서서 사진을 찍느라 여념이 없다. 그런 와중에 나도 사진 한 장을 남겨 본다. "이곳에서 땅이 끝나고, 바다가 시작된다." 는 카몽이스의 유명한 시구는 과연 내가 진정 대서양의 끝에 있음을 실감케 했다.

포르투갈의 대항해 시대를 열었던 항해왕 엔히크는 마르코 폴로의 『동방견문록』을 읽고 바다 너머 새로운 미지의 땅이 있음을 확신했다고 한다. 지금처럼 바다 항로가 있던 것도 아니었지만 '도전 정신' 하나가 역사를 바꾸고, 새롭게 쓰게 하는 단초가 되었음은 두말할 필요도 없을 것이다. 탐험하고, 실패해도 다시 도전하는 정신으로 그는 끝내 아프리카 항로를 개척했다.

언젠가부터 작은 실패에도 자꾸 움츠러들고, 세상 모든 것을 잃은 것처럼 좌절을 했던 것 같다. 한 살씩 나이를 먹을 때마다 나는 겁도 같이 먹었던 걸까. 그 옛날 이곳에서 미지의 땅을 향해 돛을 올렸듯 나에게도 다시 시작하는 용기의 돛이 필요하지 않을까 싶다.

cascais
카스카이스

여행에도 쉼표가 필요하다

길가에 늘어서 있는 야자수 나무와 아름다운 해변, 리스본의 호시우 광장에서처럼 파도 모양의 칼사다 포르투게사가 멋진 곳. 바로 유럽인들이 살고 싶어 하는 최고의 휴양 도시 카스카이스다. 어쩐지 포르투갈보다는 스페인의 도시들과 비슷하다는 느낌을 받았다. 포르투갈의 최고 부자들만 산다고 하는, 유럽에서도 돈 있는 사람들의 별장이 많은 곳이라고 하더니 포르투갈 왕실도 이곳에서 여름휴가를 보냈다고 한다.

도시는 휴양지답게 바다에는 수많은 요트들이 떠 있고, 해변가에는 산책하고 즐기는 사람들로 넘쳐났다. 포르투갈이 전체적으로 날씨가 좋지만, 특히 이곳은 1년 중 260일이 맑은 날씨를 보인다고 한다. 고급 휴양지가 많은 만큼 카스카이

스는 박물관이나 미술관도 많은 편이다.

 당일치기 가이드 투어로 온 것이다 보니 좀 오래 머물며 천천히 보고 싶어도 시간적인 여유가 없었다. 작게 주어진 여유 시간에 잰걸음을 옮기다 보니 문득 여행자들에게도 쉼표가 필요하지 않을까 생각이 들었다. 길게 여행을 오는 사람들이야 아무래도 일정에 여유가 있지만, 짧게 움직이는 사람들은 한정된 시간에 쫓기다 보면 여행을 온 건지, 극기 훈련을 온 건지 모를 때가 꽤나 많다. 여행에 들어가는 에너지가 의외로 엄청나다.
 항상 여행에서 돌아올 때면 에너지는 고갈되어 매번 지친

상태가 되곤 했다. 볼 것, 해야 할 것들이 여행을 오롯이 즐기지 못하게 했기 때문이다. 그저 걷고, 그 도시를 느끼는 것. 그래서 그 시간 동안은 나를 잊어 보는 것. 그것만으로도 여행은 이미 완성된 것이 아닐까 싶다.

  쉬고 싶어 떠나온 여행을 때로는 숙제처럼 하고 있지는 않았나 생각이 들 때도 있다. 그래서 여행에도 반드시 필요한 것이 쉼표이다. 반 박자 서둘러 여행을 해 왔다면, 한 박자쯤 천천히 자신을 충전해야 한다. 포르투갈에 처음으로 들어왔다는 젤라또 아이스크림을 입에 물고 주변을 둘러보았다. 언젠가 이곳에서 여유 있게 며칠 머무는 날이 오기를 기대해보며.

그곳에 반하다

에메랄드빛 바다에 굽이치는 파도의 시원함은 보고만 있어도 가슴이 뻥 뚫리는 기분이었다. 어찌나 파도가 높은지, 여름이면 서핑을 즐기기 좋다는 말에 저절로 고개가 끄덕여지기는커녕 '아니 이렇게 위험한데서?'라는 생각이 먼저 들 정도로 파도는 거세기 그지없었다.

주황색 지붕의 집들이 다닥다닥 모여 있는 해안가 절벽마을 아제냐스 두 마르는 크로아티아 두브로브니크의 올드타운을 연상케 했다. 예쁜 집들과 바다는 그저 한 폭의 멋진 그림, 그 자체였다.

이곳은 영화 〈안경〉의 배경처럼 세상과 단절된 듯한 고요함을 품고 있었다. "여기서 마시는 맥주도 최고지만, 사색도

최고네요."라고 했던 영화 속 대사처럼 어떤 집착에서 벗어나 사색하다 보면 자유로워지는 방법과 진짜 휴식의 의미가 무엇인지를 알려 줄 것만 같은 곳이었다.

계단에 앉아 하얀 포말이 절벽에 부서지는 모습을 그저 넋 놓고 보고 있자니 옛 생각이 떠올랐다. 우리 조카가 세 살이었을 때 어느 날 자고 일어나더니 "아, 행복해." 하는 것이 아닌가. "너 행복이 뭔지 알아?" 나는 깜짝 놀라서 물었다. 조카는 고민 없이 바로 답을 했다. "행복은 기분이 좋은 거예요." 라고.

행복은 생각보다 가까이, 꽤 자주 나에게 찾아왔는데 그걸 모르고 지나친 건 아니었을까. 마치 행운의 상징인 네 잎 클로버를 찾느라, 주변에 너무 흔해 행복을 의미하는 세 잎 클로버를 외면했던 것처럼 말이다.

FATIMA
파티마

성모님 발현지를 가다

새벽 같이 일어나 나갈 준비를 했다. 오늘은 일요일이자, 성모님 발현지로 알려진 파티마 성지를 가는 날이다. 파티마는 리스본에서 버스로 1시간 반은 가야 해서 아침 일찍 우버를 불러 고속버스 터미널로 향했다.

아침 미사를 드리기 위해 당도한 파티마 성지는 내 생각과는 많이 달랐다. 법정 스님이 계셨던 길상사에서 느꼈던 것과 비슷하려니, 좀 소박한 느낌이 아닐까 했던 내 예상은 보기 좋게 빗나갔다. 버스 터미널에서도 생각보다 오래 걸어간다 싶더니, 눈앞에 드러난 성지는 어찌나 넓은지 대성당에서 성삼위일체 성당으로 가는 길만 해도 꽤나 멀었다. 거대한 광장에 비해 대성당은 오히려 소박하다는 느낌마저 들 정도로 그

렇게 크지 않은 편이었다.

 파티마는 제1차 세계대전이 한창이던 1917년 5월 13일에서 10월 13일까지 여섯 차례에 걸쳐 세 목동 루치아, 히야친타, 프란치스코에게 성모님이 발현하신 곳이다. 성모님과 세 목동이 만난 장소는 파티마 성지 안의 작은 예배당으로 지어졌는데, 성지 입구에서 이곳까지 무릎으로 기어 기도하며 오는 사람들이 생각보다 많았다. 그들은 어떤 기도를 바치는 걸까. 나는 대신 촛불 제단에 초를 밝히며 기도를 드렸다. 그러나 촛불 제단도 어느 성지에서도 보지 못했던 거센 불길에 조용히 물러나 멀리서 잠깐 기도를 드려야만 했다. 여러모로 내 예상과는 달랐던 파티마 성지의 모습이었다.

 아침 미사 후 성지 순례 도우미로 만나 뵌 안나 수녀님은 너무나 열정적이셨다. 장소에 얽힌 숨은 이야기와 잘 알지 못했던 교리 지식까지 짚어 주셔서 성지 공부 시간이 될 만큼 좋은 시간이었다. 파티마 성지와 성모님을 만난 세 목동들의 마을, 올리브 나무를 따라 이어지는 대천사 미카엘의 발현지까지 하루 동안 꽤 많은 곳을 방문했다. 그냥 혼자 와서 쓰윽 보고 갔다면 생각해보지 못했을 많은 질문들도 함께 던져 주셔서 나로서는 힘들지만 꽤 도움이 되었던 시간이었다.

성지 순례를 마치고는 버스 시간이 남아 다시 성지 안 곳곳을 다시 둘러보았다. 성지 지하의 한 방에는 심장에 가시가 박힌 장식물이 있다. 1925년 루치아 수녀님에게 성모님과 아기 예수님이 발현하셨을 때 가시에 찔린 심장을 성모님께서 보여 주셨다고 했던 것을 상징하는 것이 아닌가 싶다. 심장 속 거울에 내가 보이도록 사진을 찍는 것도 한번 해보라던 수녀님의 말씀이 생각나 핸드폰으로 남겨 보았다. 정면을 보며 사진을 찍는 것이 꽤나 힘들었던 기억이 난다.

세 목동 중 히야친타, 루치아와 달리 프란치스코는 기도를 열심히 하지 않으면 천국에 가기 어렵다고 성모님이 말씀하셨다는 부분은 굉장히 인상 깊었다. 아마도 평범한 우리들을 대변하는 것이 아니겠냐는 안나 수녀님이 말씀에 나는 어떤 사람으로, 신앙인으로 살아가고 있는가를 자문하게 된다.

지난 2017년 성모님 발현 100주년을 기념하는 행사에 50만 명이 넘게 방문했다고 한다. 포르투갈을 지탱하는 근본적인 힘이 가톨릭 신앙이기 때문에 세계대전 속에서 파티마에 발현하신 성모님은 유럽인들에게 평화에 대한 희망이자, 최후의 보루가 되었는지도 모르겠다.

 시간을 보내다 급히 어두워지는 하늘을 보며 버스 터미널을 향해 급히 서둘렀다. 어찌된 일인지 시간이 다 됐는데도 내가 예약한 버스는 오지 않았다. 같이 기다리던 사람들은 모두 차를 타고 떠나가는데 나만 남겨지니 슬슬 불안해지기 시작했다. 표를 들고 두리번거리는 나를 현지분이 좀 안타깝게 봤던 거 같다.

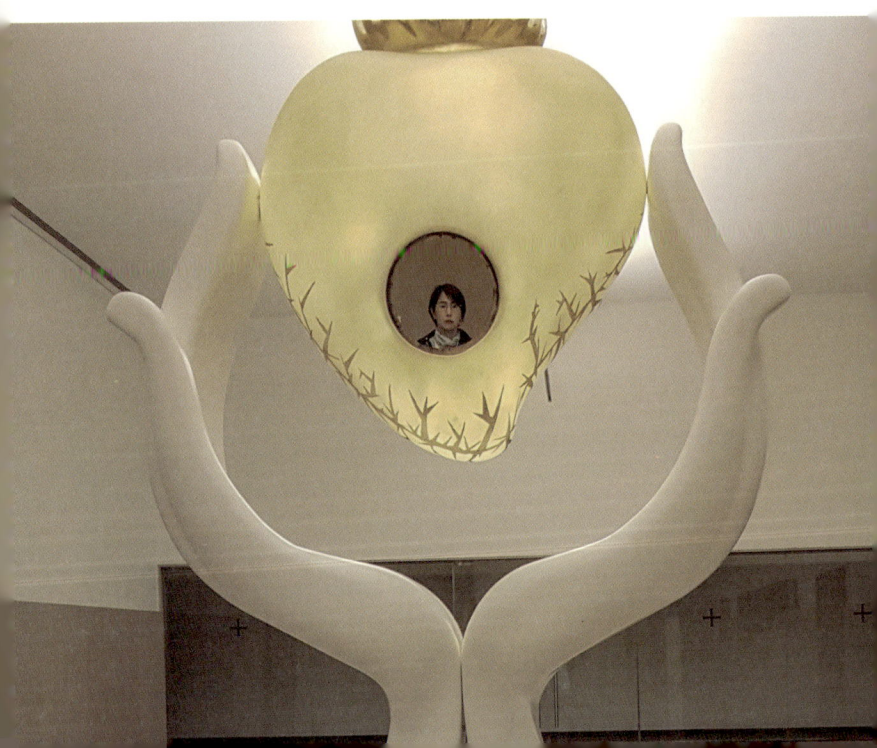

"네 목적지가 리스본 역으로 가는 거 확실해?"
"네. 확실해요!"

하늘에서 내려오는 동아줄을 잡는 심정으로 나는 강하게 말을 했다. 그분이 나서서 리스본 고속 터미널로 가는 버스 기사를 향해 시간이 지났는데 버스가 오지 않아 못가고 있으니 자리가 있으면 태워 주라고 강하게 어필을 하는 것이 아닌가. 내가 타도 되냐고 물어봤을 때는 단호하던 운전사 아저씨가 쓰윽 보더니 타라고 한다. 순간 눈물이 핑 돌만큼 감사했다. 그분은 버스가 떠날 때 손까지 흔들어 주셨다. 내내 좋은 시간을 보내다 마지막에 오도 가도 못하는 건 아닐까 걱정했는데, 버스를 타니 안심이 되었다. 그런데 그것도 잠시, 버스가 정류장에 설 때마다 내가 앉은 자리의 주인이 나타날까 끝까지 편하게 가지 못했다는 건 비밀이다. 쫄보의 여행은 순간순간이 쫄림의 연속이다.

사랑의 도시

리스본에 도착한 이후 처음으로 비가 내렸다. 아침부터 추적추적 내리는 비에 갈 것인가, 말 것인가 엄청 고민을 하다가 가게 된 곳은 바로 '여왕의 도시'라고 알려진 오비두스이다. 리스본에서 버스를 타면 1시간이면 닿는 비교적 가까운 곳에 있는 그림처럼 아름다운 도시.

포르투갈어로 '성채'라는 의미를 지니고 있는 마을답게 버스에서 내리면 포르타 다 빌라 성문이 반긴다. 이곳을 통과하면 아름다운 마을의 모습에 웃음이 절로 나온다. 맨질맨질한 돌바닥 위로 아기자기한 예쁜 공예품들이 많고, 골목골목 예쁜 장식들이 참 많은 곳이다.

1210년 아폰수 2세가 이 도시의 아름다움에 반해 그의 아

내인 우레카 왕비에게 결혼 선물로 마을을 바쳤다고 한다. 그 이후 후대의 왕들도 아폰수 2세처럼 그의 왕비에게 선물로 주어 왕비의 직할 도시로서 품격을 지켜 나가게 되었다고 한다. 참 로맨틱하지 않은가. 사랑의 증표로 도시를 바칠 정도라니.

마치 오스트리아의 할슈타트처럼 아름다운 마을이지만, 이곳은 중세의 모습이 많이 남아 있는 곳이기도 하다. 12세기에 포르투갈의 레콩키스타가 이곳에서도 벌어졌는데, 무어인들이 만들었던 성곽은 아직도 남아 그 위용을 뽐내고 있다.

마을을 구경하고, 성곽 길을 따라 걷다 보니 시원하게 펼쳐지는 풍경에 마음도 가벼워진다.

부슬부슬 비가 내리는 도중 한 카페에 들어가 커피와 달달한 빵으로 비를 피해본다. 맛집이었는지 벽면에 수많은 노란색의 방명록들이 붙어 있었다. 차를 마시며 비오는 거리를 보는 것도 꽤 운치가 있었다. 그리고 마을을 돌다가 만나게 된 한 오래된 성당. 무심코 들어갔는데 성당이 아니라 서점이었다. 오래된 성당을 개조해서 만든 서점이라 독특하기도 해서

책들과 함께 시간을 보냈다.

오비두스는 이 지역의 특산품인 오리지널 진자를 맛볼 수 있는 곳이기도 하다. 1유로에 초콜릿과 달콤하지만 독한 체리주가 환상적이다. 신트라에 이어 두 번째로 마시는 것이지만 처음 마시는 것처럼 호기심이 일었다. 좀 다른 맛일까 기대가 되면서. 비가 내리는 다소 쌀쌀한 날씨에 즐겁게 한 잔을 들이켰다. 한 잔이었지만, 꽤 기분이 좋아지는 시간이었다. 술 때문인지 비에 가라앉으려던 마음도 활기를 띠기 시작했다.

 천천히 돌아도 2시간이면 충분히 즐길 수 있는 작은 마을이지만, 유럽인들의 신혼여행 장소로 요즘 뜨는 곳이라는 말에 저절로 고개가 끄덕여진다. 보는 즐거움, 마시는 즐거움이 좋았던 오비두스를 다음에는 맑은 날에 만나 보고 싶다.

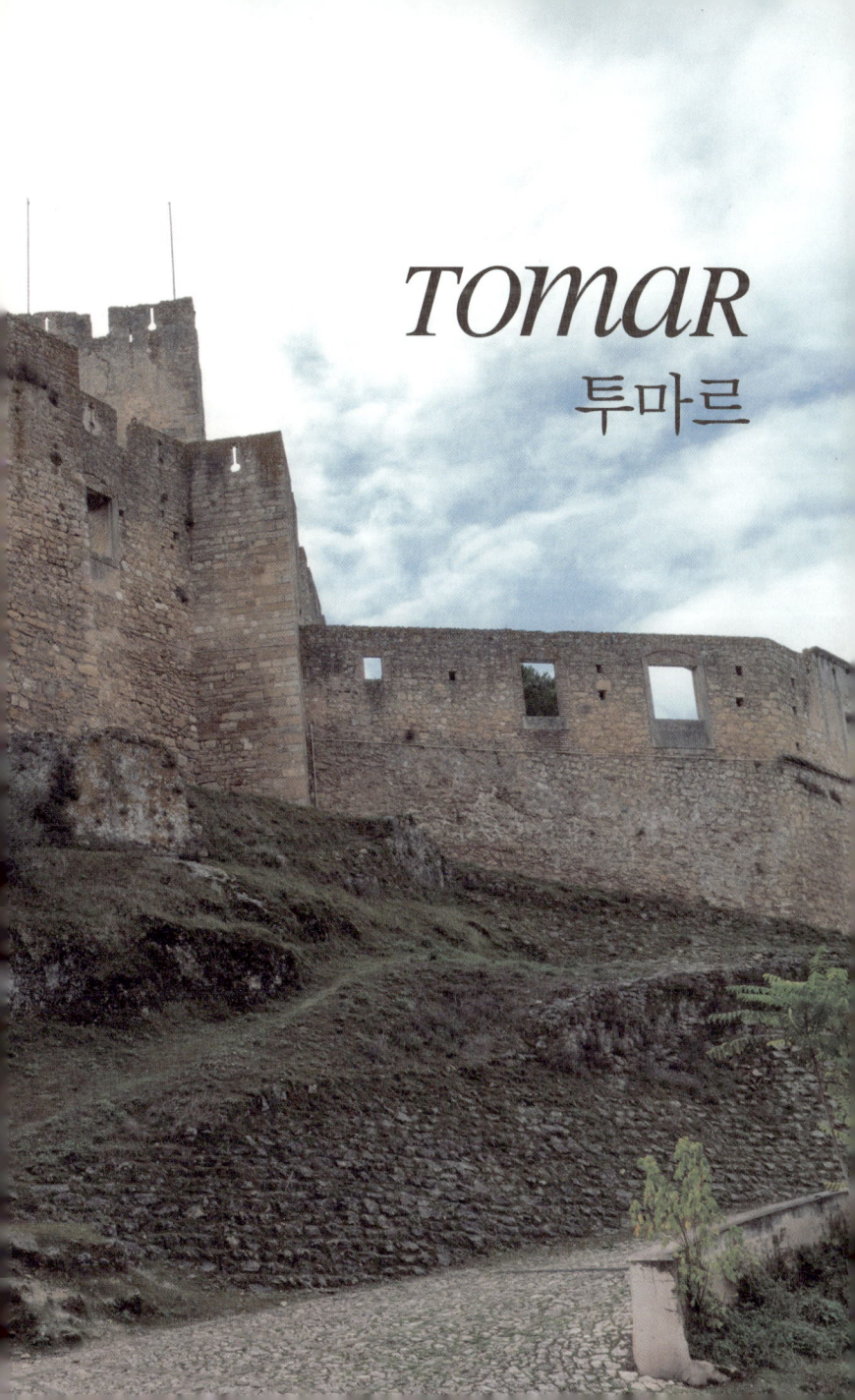

TOMAR
투마르

중세를 거닐다

여행을 하는 동안 포르투갈 사람들로부터 좋은 곳이라고 칭찬이 대단했던 도시인 투마르를 향해 기차를 탔다. 기차에 함께 몸을 실었던 사람들은 어느새 모두 사라지고, 투마르에서는 내리는 사람이 없어 나를 살짝 걱정과 불안함에 휩싸이게 했다.

비가 내리다 개다를 반복하면서 약간은 을씨년스럽던 날씨는 어쩐지 그리스도 수도원과는 더 잘 어울릴 것만 같은 생각도 들었다. 영화 〈다빈치 코드〉에 등장하기도 했던 성전 기사단의 자취를 느낄 수 있는 곳이라는 기대감 때문일까. 언덕 위로 보이는 수도원의 모습에 나도 모르게 흥분이 되었다. 마을을 지나 고즈넉한 언덕길을 오르다 보니 이내 굳건해 보이

는 성채가 내 눈으로 들어왔다. 그리고 직접 마주한 수도원의 모습은 중세의 모습 그대로 고색창연한 분위기가 압도적이었다.

보통은 문화 유적지들이 세월에 바래면 다시 채색을 하거나 보수 작업을 하는데, 이 수도원만은 세월의 흐름을 고스란히 안고 있으면서도 그 웅장함이나 근엄함이 건물에 그대로 분출되는 듯했다. 한 발짝 한 발짝 그 안으로 들어갈수록 마치 시간을 거슬러 중세 속으로 빨려 들어가는 것만 같은 느낌이 들었다.

포르투갈 땅에서 이슬람을 물리치는 역할을 담당한 이들은 템플 기사단, 즉 십자군이었다. 그들이 국토 회복 운동에 힘쓰며 그들의 요새로 사용하기 위해 만든 곳이 바로 지금의 그리스도 수도원과 성채였다. 템플 기사단의 위세가 13~14세기 초 유럽 전역에서 절정을 이루게 되자, 이에 위협을 느낀 교황 클레멘트 5세와 프랑스의 왕 필리프 4세는 이들에게 이단이라는 죄명을 씌워 십자군을 탄압하고, 재산을 몰수한 후 결국 해체를 시켰다.

그러나 14세기 초 카스티야와의 왕위 전쟁에서 템플 기사단의 힘이 필요했던 포르투갈의 주앙 1세는 템플 기사단을 잇는 그리스도 기사단을 창단하여 그의 셋째 아들인 항해왕 엔히크에게 기사단의 단장직을 맡겼다. 포르투갈에서 엄청난 부와 권력을 누렸던 십자군은 그대로 그리스도 기사단에 흡수되었다.

처음으로 대항해 시대를 열었던 엔히크는 그리스도 기사단과 함께 해양 제국을 건설하는 데 혁혁한 공을 세우게 된다. 포르투갈은 새로운 항로를 개척하면서 얻은 막대한 부를 수도원을 짓고 그것을 다시 고치는 데 사용했다. 그리스도 수도원에는 마찬가지로 기사단의 단장이었던 마누엘 1세가 이곳을 리모델링한 흔적들이 마누엘 양식으로 많이 남아 있다.

아직까지도 그리스도 기사단의 명맥은 형식적으로나마 유지되고 있는데, 포르투갈 대통령은 명예 단장직을 수행한다고 한다. 포르투갈 사람들에게 이곳이, 그 기사단의 정신이 얼마나 깊고 소중히 간직되고 있는지 단적으로 보여 주는 것이 아닌가 싶다.

템플 기사단의 요새

 수도원에 따로 가이드북이 없어 그저 연결된 곳으로 움직이며 봐야 하는 수도원 내부는 생각보다 훨씬 컸다. 기사단의 본부 역할을 해서인지 이 수도원은 성당을 포함해 세탁 회랑이나 화장실 회랑, 기숙사, 식당 등 다른 수도원과는 좀 달리 각 회랑으로 잘 구분되어 있었다. 순례자들을 위한 숙소도 마련되어 있을 정도로 규모는 상당했다.

 들어가서 처음 만나게 된 곳은 그리스도 기사 단원들이 안장되어 있는 장례 회랑이었다. 회랑 바닥에 유해가 안치되어 있다고 하는데, 겉으로 봐서는 잘 모르겠다. 아치형 석관에는 인도 항로를 개척한 바스쿠 다 가마의 형인 디오고 다 가마와 누구인지 모를 기사 단원의 묘도 볼 수 있었다.

　예수의 일생을 그린 프레스코화가 16면의 방안에 8각으로 꾸며져 있는 샤롤라 성당은 그 구조가 꽤 독특해서 인상적이었다. 사실 이런 구조의 성당은 처음 보았는데, 예루살렘의 성묘교회를 모델로 지어졌다고 한다. 디테일한 조각 장식들은 너무도 화려해서 그저 놀라움의 연속이었다고나 할까. 맑은 날씨였다면 내부도 제법 밝게 빛났을 텐데 그 점이 좀 아쉬웠다. 흐린 날씨가 오히려 성당 내부를 더욱더 경건하게 만들지 않았나 싶다. 수도사들의 기숙사는 둘러보는 사람들도 거의 없고, 내부의 등이 그렇게 밝지 않아 도는 동안 살짝 무서운 마음에 걸음이 빨라지기도 했다.

"저 며칠 뒤에 투마르를 다녀오려고 해요."

"투마르 정말 멋진 곳이에요. 투마르 수도원에는 마누엘 양식으로 장식된 창문이 유명해요. 꼭 보고 오세요."

신트라 투어에서 가이드해 주신 분의 말대로 '사제단 회의실의 창문'이라고 부르는 멋진 창문을 보면서 '이것이 걸작이구나' 싶었다. 매듭과 바다 장식물 등이 돌로 이렇게 화려하고 멋지게 만들 수 있다는 것이 놀라울 따름이었다. 지금은 뼈대만 남아 있는 엔히크 왕자의 궁전이나, 수도사의 단장과 기사 단장의 방이 있던 사제단 회의실은 미완성 상태로 공사가 중단되어 복원이 되면 좋겠다 싶은 마음도 들었다. 그저 근엄함이 물씬 났던 첫인상과 달리 회랑의 아치들과 돌바닥, 아줄레주로 꾸며진 방들의 모습은 고딕과 마누엘 양식, 르네상스 양식이 혼재되어 꽤 멋진 하모니를 연출하고 있었다.

책에서만 배웠던 십자군 원정이라든가 수도회 기사단에 대한 역사를 실제 내 눈으로 확인하면서 '정말로 존재했었구나'를 새삼스럽게 깨닫는 것도 여행에서만 느낄 수 있는 장점이지 싶다. 막연하게 추상적으로만 느끼던 것들을 구체적으

로 형상화하는 과정이라고나 할까. 그런 점에서 여행을 떠나오기 전 포르투갈의 역사에 대해 공부를 하고 왔더라면 더 좋았을 텐데 하는 아쉬움은 꽤 오랫동안 남았다.

역사적으로도 중요했고, 앞으로도 포르투갈인들에게 중요한 유산으로 남을 투마르. 관광지로서가 아니라 그들의 역사에 잠시 동행하는 느낌으로 돌아보는 것도 꽤 의미 있지 않을까 싶다.

PORTO
포르투

글루미 포르투

기차를 타고 포르투로 향하는 길, 정차하는 역마다 비가 내리고 있었다. 그래도 포르투는 아니길 빌었건만, 부슬부슬 내리는 비에 물안개까지 껴 앞이 보이지 않을 기상을 연출했다. 날씨 검색을 해보니 무려 열흘 동안 비 예보가 떠 있다. 도루 강변을 보며 힐링을 생각했던 내게는 정말이지 마른하늘의 날벼락 같았다.

 캐리어는 젖어 가는데 내 위치를 못찾는 것인지 기다리는 우버는 오지 않고, 흩날리는 비에 우산을 쓸 수도 안 쓸 수도 없는 날씨. 몸도 마음도 물에 젖은 솜뭉치처럼 무겁게 가라앉는 느낌이었다. 이게 전조였을까. 숙소에 도착해서는 주인을 만나지 못해 한참을 빗속에서 기다려야 했고, 주인을 만나서는 청소 시간이라는 이유로 짐만 안에 들여놓고 대문 앞에서 내몰리듯 나와야만 했다. 머피의 법칙처럼 기분 나쁜 일들이 연달아 일어나니 돌아서는 길에 욱하는 마음과 함께 나도 모르게 눈물이 흘렀다. 갑작스런 눈물에 나 스스로도 놀라 누가 볼까 당황스러움을 재빨리 감추었다. 아마도 계속되는 감기에 몸의 컨디션이 떨어지니 자연스럽게 마음의 면역력도 함께 사라진 모양이다.

돌이켜 보면, 지난 많은 여행 중에도 '내가 집 나와서 왜 사서 고생을 하나'라는 생각은 꽤 했었던 것 같다. 안타깝게

도 그런 생각은 어느새 잊혀 다른 여행을 끊임없이 갈망하곤 했다.

　살다 보면 비 내리는 날 우산이, 바람이 불면 바람막이가 필요할 것이다. 그러나 거세게 내리는 비도 맞고, 세찬 바람에도 우뚝 버틸 수 있는 마음의 근력이 필요한 것 같다. 누가 뭐래도 행복해지기 위해 떠나온 여행이라면 나를 위해 충분히 즐겨야 함을 잠시 잊고 있었다. 지나간 일은 지나간 대로 빠르게 잊고 지금의 이 글루미한 포르투를 감상적으로 즐기는 것. 지금의 내가 해야 할 일임을 뒤늦게 깨닫는다.

작고 아름다운 돌

포르투 거리를 걸어 다니다 보면 하루에 한번 이상은 꼭 마주치는 곳이 상 벤투 역이 아닐까 싶다. 다른 도시들과 달리 기차역이 도시 중심부에 있는 까닭이다. 쌀쌀한 날씨에 비 오는 거리를 거니는 것보다 안에서 할 수 있는 게 무엇일까 고민하다 상 벤투 기차역으로 발길을 돌렸다. 어디로 떠나기 위해 가는 것이 아니라 오로지 상 벤투 역의 아줄레주를 보기 위해서.

'작고 아름다운 돌'이라는 아랍어에서 유래된 아줄레주는 포르투갈의 전통 음악인 파두와 함께 포르투갈 문화를 이끄는 대표적인 쌍두마차 중 하나이다. 흰색 타일에 푸른색으로 장식된 아줄레주는 포르투갈의 많은 도시 건축물에서 만날 수 있지만, 포르투는 유달리 작품 이상의 걸작으로 평가받는 건축물이 많다.

쏟아지는 비를 피해 들어간 상 벤투 역 안을 보는 순간 사방 벽면을 빼곡하게 가득 채운 타일 벽화에 환호성이 터졌다. 저 아름다운 그림이 어떻게 타일에 그려졌다는 것인지, 아줄레주의 진수를 맛보기에 이만한 곳이 또 있을까 싶다.

상 벤투 역은 건축가 마르케스 다 실바가 설계를 하고, 아줄레주 전문 화가인 조지 콜라코가 그림을 그렸는데, 몇 년 동안 진행된 건축 설계와 디자인이 마음에 들지 않아 수년 동안 공사가 지연되고 수정되는 과정을 거쳐야 했다고 한다. 역사 내부는 발데베즈 전투1140년, 세우타를 정복하는 엔히크 왕

자의 모습1415년 등 포르투갈의 역사적으로 중요한 장면들과 서민들의 모습을 무려 2만여 개의 아줄레주 타일 안에 화려하게 장식하였다. 타일 그림이 완성되기까지 12년이나 걸렸다고 하니 그 완성도를 위해 얼마나 애를 썼을까 싶다. 그래서 그런지 상 벤투 역은 기차를 타려는 사람보다는 사진을 찍는 사람들이 더 많다는 것이 당연한 것처럼 여겨진다. 그만큼 멋진 곳이었다. 기차역이 이렇게까지 아름다울 필요가 있나 싶을 만큼.

포르투에는 상 벤투 역 외에도 아줄레주로 눈길을 끄는 곳이 꽤 많다. 그중 카르무 성당은 수도회 기사단의 창립에 대한 내용을 벽면 가득 채운 아줄레주가 너무도 멋진 곳이었다.

놀랍게도 이 성당은 하나의 건축물로 보이는데, 가운데 집을 사이에 두고 2개의 성당이 있는 구조라고 한다. 가운데 작은 철문으로 된 집을 기준으로 오른쪽은 수도사들이 머물렀던 카르무 성당, 왼쪽은 수녀님들이 머물렀던 카르멜 성당으로 구분된다. 이렇게 분리시켜 놓은 것은 수도사들의 육체적인 순결을 끝까지 지킬 수 있도록 하기 위해서라고 한다. 1미터 남짓한 그 좁은 집에서는 누가 살고 있었을까 궁금해진다. 매일 비가 내려 운무가 낀 성당만 보다가 잠깐 개인 날씨에 보았던 성당은 충분히 나를 매료시켰다.

성당 정면으로 보이는 푸른색의 아줄레주 타일이 유달리 더 짙어 보이는 산투 알폰소 성당은 알폰소 주교의 삶이 장식되어 있는데, 지나 가며 한번씩 작품으로 감상해도 좋지 싶다. 그리고 숙소 근처에 있어 하루에도 몇 번씩이나 보았던 알마스 성당. 건물 전체가 아줄레주로 장식되어 눈길이 가지 않는다면 더 이상할 정도이다. 성녀 카타리나와 성 프란치스코의 행적을 아줄레주로 장식하였다. 산타 카타리나 성당으로 불리기도 하는데, 내 세례명과 같아서 그런지 더 눈길이 갔다. 상 벤투 역을 지나가다 길에서 커다란 바위에 새겨진 아줄레주를 보았다. 어쩜 포르투는 거리의 돌덩이까지 멋진지 아줄레주의 도시답다는 인상을 지울 수 없다.

비가 내리고 음악이 흐르는

"행복하게 여행하려면, 가볍게 여행해야 한다."고 말한 생텍쥐페리처럼 가벼운 짐싸기는 내 여행의 철칙 같은 것이 되어버렸다. 한 달을 가든, 일주일을 가든 모든 여행은 21인치 캐리어로 움직인다. 작은 체구에 힘쓰는 일에는 그다지 재주가 없는 나로서는 울퉁불퉁한 길바닥에 에스컬레이터 없는 계단은 그야말로 쥐약이다.

그러니 말라가에서부터 달고 온 감기가 열흘이 다 되도록 떨어지질 않았다. 신데렐라도 아니건만 밤 10시만 되면 약을 먹고 누워 자는 건전하기 이를 데 없는 여행이라니. 참고 참다 오늘은 아침나절에 두툼한 점퍼와 함께 옷가지들을 쇼핑했다. 그러다 보니 이미 손에는 쇼핑백들로 한가득이었다. 숙

소에 들러 짐을 놓고 나올까 잠시 고민하다가 언덕길을 올라 숙소를 다시 갈 생각을 하니, 생각만으로도 진이 빠지는 느낌이라 이내 발걸음을 돌렸다.

오늘의 목적지인 언덕 위에 우뚝 서 있는 클레리구스 성당과 종탑은 바로크 양식의 건축물로, 1754년에 지어질 당시만 해도 포르투에서는 가장 높은 건축물이었다고 한다. 성당 안으로 들어서자마자 아름답게 울려 퍼지는 파이프 오르간 연주 음악에 앉아서 잠시 눈을 감았다. 며칠 동안 해를 보지 못해 나도 모르게 마음에 주름이 가 있던 것들이 스르륵 펴지는 느낌이었다. "난 음악에 관해 아무것도 몰라요. 내 노래에선

음악을 몰라도 돼요."라던 엘비스 프레슬리의 말처럼 어떤 음악인지는 중요하지 않았다. 환상적인 음악에 아픈 다리를 쉬어 가며 마음의 평안을 찾는 일, 그것만으로도 충분했다.

성당 안은 음악을 듣는 관광객들로 북적였다. 잠깐만 앉았다 가야지 했는데, 거의 1시간을 성당 안에서 보냈다. 매일 정오가 되면 연주된다는 파이프 오르간 연주는, 유럽의 다른 많은 성당들에서도 평일에는 듣기 어려운 소중한 시간이다.

주섬주섬 짐을 챙기고 종탑 전망대로 향했다. 75미터가 넘는 6층으로 된 종탑 전망대는 입장료를 받고 있다. 짐이 많아 티켓을 대충 쇼핑백 안에 쑤셔 넣었는데 올라가면서 몇 번 보여 줘야 해서 티켓을 찾느라 애를 먹었다.

종탑은 무려 200개가 넘는 나선형의 계단을 올라가야 했다. 좁은 종탑에 많은 사람들이 모이기 때문에 중간에 쉬지 못하고 계속 올라야 해서 좀 힘이 들었다. 등산을 갈 때면 하산하는 사람들이 이제 다 왔다고 응원하듯, 내려가는 사람들은 웃으며 응원을 보낸다.

산 정상에서 바라보는 전망에 감탄하듯, 종탑 전망대 역시 실망을 안기지 않았다. 멀리 도루강 건너까지 탁 트인 전망은 올라오느라 힘들었던 노고를 모두 잊게 해 줄 만큼 확실한 뷰를 선사했다. 이래서 다들 전망대에 오르나 싶다. 여기서 보는 일몰은 모로 정원에서 보는 것과는 또 다른 느낌이라고 하니 석양을 즐기고 싶다면 이곳도 한번 들러보는 게 어떨까.

포르투에서 만나는 해리포터

영국의 「가디언」지가 세계 10대 서점으로 선정할 만큼 찬사가 끊이지 않는 렐루 서점 앞에 섰다. 표를 따로 사고, 가방을 맡겨야 들어갈 수 있는 조금은 번거로운 입장 절차를 거쳐야 하는 서점이지만 사람들은 아랑곳하지 않고 빨리 들어갈 수 있기를 기다리고 있었다.

호기심과 기대감을 안고 들어간 서점 안은 입구에서부터 북적이는 사람들로 둘러나 볼 수 있을까 싶을 정도였다. 작가 조앤 롤링이 『해리포터』 속 호그와트 마법학교의 계단을 이곳에서 모티브를 얻었다고 하더니 과연 서점 내부는 상상 이상의 모습이었다. 1906년에 처음 문을 열어 100년도 더 된 오래된 서점인데도 어찌나 내부가 독특한지 괜히 세상에서 가

장 아름다운 서점으로 선정된 게 아님을 직접 확인한 시간이었다. 그 오래전 창의적인 건축가는 자신의 작품으로 인해 후대에 이렇게 환상적인 소설 속 작품으로 재탄생될 줄 알았을까. 서점 안은 2층으로 올라가려는 사람들보다 계단에서 사진을 찍으려는 사람들로 정신을 차리기 어려웠다.

고풍스러우면서도 상상력이 극대화된 서점 안의 화려한 장식들은 나무가 아니라 시멘트 구조물에 나무의 질감을 살려 채색한 것이라는 것이 또 놀라웠다. 화제도 예방하고, 더 오랫동안 건물을 보존하려는 목적이라고 한다. 혹시나 나무의 소리가 나지는 않을까 나무처럼 장식된 것들을 두드려 보았다. 미리 말해 주지 않으면 모를 정도로 꽤 정교하게 만들

어져 자꾸만 만지게 된다. 더불어 빼곡하게 들어선 서가에 유명한 저자들의 석상이 함께 있는 모습까지도 참 멋있었다.

렐루 서점은 『해리포터』로 인한 유명세로 인해 2015년 7월부터 입장료를 받기 시작했다고 한다. 책을 사면 책 가격에서 입장료를 빼 준다고 하니 필요한 책을 골라 보는 것도 좋지 않을까 싶다. 나는 책을 구매하지 않는 대신 계산대에서 입장 티켓을 보여 주고 렐루 서점에 대한 안내서를 대신 한권 받아 왔다. 영국이 아닌 포르투에서 『해리포터』의 흔적을 찾는 것도 하나의 재미가 아닐까 싶다.

포르투에서 신혼 생활을 했던 조앤 롤링은 가난했지만, 이곳에서 많은 영감을 얻어 『해리포터』라는 전 세계가 열광하는 소설을 집필하였다. 그저 나에게는 소란스럽지 않고 차분해서 쉬기 좋다고만 생각한 이 작은 도시가, 다른 누군가에게는 상상력을 극대화해 주는 수많은 장치가 있다는 것이 몹시도 낯설면서 신기하다. 다른 사람은 모르는 그 도시만의 매력을 찾아보는 여행도 즐겁지 않을까.

기승전, 동 루이스 1세 다리

"동 루이스 다리가 야경 맛집이에요."라던 말을 실감하는 순간이었다. 도루강을 따라 히베이라 지구와 빌라 노바 지 가이

아 지구가 한눈에 들어오는 멋진 풍경은, 그저 보고만 있어도 마음이 편안해지는 마법을 부렸다. 비록 몸이 휘청할 정도로 강바람이 몰아쳤지만. 트램이 다니는 2층 다리 위는 그래서 인생 숏Shot을 남기기에 안성맞춤이다.

    에펠의 제자 테오필 세이리그가 설계한 동 루이스 1세 다리는 그 흔한 다리를 꽤 멋진 건축물로 승화시켰다. 밤이 되어 불이 켜진 다리는 낮에 보았던 그 날렵함과는 다른 화려함으로 매력을 배가시켰다. 특히 강 뒤쪽의 모로 정원에서 보는 야경은 포르투를 찾는 사람들의 첫 번째 이유이기도 하다. 낮에 어디를 돌아다녀도 오후가 되면 손에 맥주를 하나씩 들고

해질녘의 풍경을 보며 하루를 정리하는 곳. 무엇을 하지 않아도 그저 이곳에서 강을 보며 시간을 보내는 것만으로도 힐링이 되는 특별한 경험을 하게 만든다. 그래서 많은 사람들이 오후가 되면 자석에 이끌리듯 이곳을 찾는 것이 아닐까.

내내 궂은 날씨에 내가 실망을 토로하자 여행 중에 만난 친구는 "저는 날씨가 좋지 않아도 괜찮아요. 그저 혼자만의 시간을 보낸 것으로도 충분해요."라며 유쾌하게 말했다. 육아 휴직 중에 멀리 포르투갈까지 혼자 떠나온 용기도 멋있지만, 큰 욕심 없이 그저 주어진 상황에 만족하며 즐기는 모습에 내가 좀 부끄러워졌다고 할까.

모로 정원에 앉아 흐르는 강물을 보고 있자니 내내 나를 힘들게 했던 고민들이 작게만 느껴진다. "가장 위대한 여행은 지구를 열 바퀴 도는 여행이 아니라 단 한 차례라도 자기 자신을 돌아보는 여행이다."라고 말한 마하트마 간디처럼 어쩌면 맑은 하늘 아래 펼쳐지는 석양이 아니라, 내 마음을 들여다보는 시간이 나에게 더 필요했던 건 아닐까 그런 생각도 해본다.

이탈리아의 천민 출신으로 황제에 오른 가이우스 디오클레티아누스 로마 황제는 스스로 황제의 자리에서 물러나 크로아티아의 스플리트에서 남은 생을 보냈다고 한다. 자신이 태어나고 자란 곳이 아닌 다른 곳에서 생을 마감한다는 것은 어떤 마음일까. 아마도 그곳이 그에게는 무엇을 하지 않아도 마음에 평화를 주는 곳이었기에 가능하지 않았을까 싶다. 언젠가 나에게도 그런 기회가 주어진다면 이곳 포르투를 진지하게 고민해볼 것만 같다. 조용하면서도 생동감이 있고, 번잡하지 않은데 눈길을 끄는 곳. 그냥 목적 없이 느리게 걸을수록 매력적인, 특별하지 않은데 특별함을 주는 참 묘한 곳이라는 생각이 든다. 그래서 많은 사람들이 다시 찾고 싶은 도시로 포르투를 선택하는 것일지도 모르겠다.

못 먹어도 고!

『레 미제라블』로 유명한 프랑스의 작가 빅토르 위고는 "신은 물을 만들었지만 인간은 와인을 만들었다."고 말해 와인에 대한 그의 깊은 애정을 단적으로 표현하였다. 와인 애호가들은 와인을 통해 인생을 배우거나 영감을 얻기도 하며, 치유를 받기도 한다.

어렸을 때 와인이 갑자기 인기를 끌면서 곳곳에 와인바가 붐을 이루던 때가 있었다. 나도 여러 번 친구들과 와인바를 찾곤 했는데, 어떤 와인이 좋은 건지도 잘 모르면서 소믈리에가 테스팅 해 줄 때마다 그저 고개를 끄덕이며 좋다고 했던 것 같다. 사실 지금도 나는 와인을 잘 모른다. 아니, 잘 모르

는 것이 아니라 못 마신다는 표현이 더 적절한 듯하다. 와인이나 막걸리를 마시면 금방 두통이 찾아오기 때문에 특별한 경우가 아니고는 마시지 않는 편이다.

그런 나임에도 불구하고, 포르투에 간다면 꼭 한번쯤 해보고 싶었던 것이 와이너리 투어였다. 달콤한 와인이라 꼭 마셔보라는 추천들이 꽤 많았던 이유에서다. 오늘은 히베이라 광장 맞은편에 있는 빌라 노바 지 가이아 지구로 왔다. 도루 강변에는 수많은 와이너리들이 모여 있는데, 항구에 밀집되어 있는 와인 저장소라니 좀 의아하지 않은가.

1667년 영국의 윌리엄 3세는 프랑스와의 100년 전쟁으로 프랑스산 와인에 높은 관세를 적용했다. 그전까지 프랑스에서 싸게 와인을 공수해 오던 상인들은 발등에 불이 떨어졌고, 영국과 배로 멀지 않으면서 험한 뱃길에도 안전하게 맛을 유지시켜 주는 와인이 그들에게는 절박했다. 그들이 힘겹게 찾아낸 곳이 바로 도루 강변에 있는 포도밭이었다. 그리고 영국까지 맛을 유지시켜 주기 위해 알코올 도수가 강한 브랜디나 증류주를 첨가하였다. 그래서 포트와인은 다른 와인에 비해 도수가 높고, 달콤한 맛이 난다. 특히 모든 생산이 도루 지역

에서 이루어진다는 특징이 있다.

　와이너리 투어는 생각보다 재미있었다. 와인의 생성 과정에 대해 자세히 설명을 들을 수 있고, 생전 구경하기 어려운 수많은 와인 오크통들도 볼 수 있었다. 그리고 마지막에는 와인을 종류별로 몇 가지 마실 수 있는 시음회를 제공한다. 신트라 투어에서 만났던 친구들이 오전에는 가지 말라고 신신당부했던 것도 바로 이 시음회 때문이다. 오전에 와이너리 투어에 왔다가 얼굴이 벌게져서 돌아다녀 민망했다고 한다. 포트와인이 달콤하지만 생각보다 독해서 금방 취기가 올라온다고 한다.

  와인을 마시지 못하는 나도 포트와인의 매력에 빠지고 말았다. 악마의 유혹이란 이런 것일까 싶을 만큼 달콤하지만 강렬했다. 꼭 이런 와이너리가 아니더라도 값싸고 맛 좋은 포트와인이 많기 때문에 포르투를 간다면 꼭 한번 맛보고 오면 좋을 듯하다. 이때 처음으로 나는 작은 캐리어를 들고 간 것을 엄청 후회했다.

망중한

알록달록한 포르투갈 전통 집들이 연무에 쌓인 채 도루강을 내려다보고 있었다. 대서양을 향해 길게 뻗어 있는 강변에는 각종 유람선들과 작은 배들이 연신 물살을 가르며 관광객들을 실어 나르느라 분주했다. 마치 여기가 왜 제2의 무역항인지를 증명하듯이.

포르투에서 가장 오래된 마을이자 여행의 중심지인 히베리아 지구는 마을 전체가 세계 문화유산으로 등재될 만큼 꽤 분위기가 있었다. 그냥 포르투에 딱 어울리는 모습들이구나 싶었다. 안개비처럼 내리는 빗속에 멍하니 도루 강변을 바라보다 유람객을 모집하는 사람들 틈바구니에 나도 무심코 끼어들었다. 유람선 창문 밖 흐리기만 한 풍경에 내 마음도 뿌

예지는 것만 같다.

 여행을 오기 전 "어떻게 살아야 할까?"에 대한 근원적인 고민이 있었다. 삶의 자세에 대한 철학적인 질문이면 좋으련만, 이제는 이것이 "어떻게 돈을 벌까?"라는 다른 질문임을 아는 나이가 되었다. 먹고 사는 것이 문제가 되니 그동안 내가 안고 있던 문제들은 오히려 가벼워지는 느낌이 든다. 이를테면 흰머리가 늘어나는 것, 기억력이 감퇴되는 것, 예전처럼 일을 빠릿빠릿하게 할 수 없는 것 등등. 기분이 날씨에 많이 좌우되는데, 포르투의 이런 우울한 날씨는 사람을 더 감상적

으로 만드는 것 같다.

　진 웹스터의 소설 『키다리 아저씨』에는 이런 내용이 나온다. "아저씨, 저는 진정한 행복의 비결을 알아냈어요. 그것은 바로 지금 이 순간을 사는 거예요. 지나간 일을 두고 후회를 한다거나 다가올 미래를 걱정하면서 시간을 낭비하는 것은 의미가 없어요. 바로 지금 이 순간을 즐기는 것이 가장 중요해요."

　때때로 과거에 너무 얽매였던 내가 지나가고, 아직 오지 않은 불안한 미래를 걱정하느라 오늘을 제대로 보지 못했던 내가 보인다. 지금을 제대로 즐기는 것. 참 어렵고도 쉬운 인생의 진리를 되새기게 된다.

어른이 되면 고민이 가벼워질 줄 알았는데, 오히려 더 어려운 문제들이 단계별로 준비되어 있는 것만 같다. 아직은 미숙한 어른이라 그럴까. 답이 없는 고민들에 정답을 찾으려는 마음은 여유로운 유람선 안에서도 계속되고 있다.

동행

"혼자 여행하면 심심하지 않아?"라고 묻는 사람들이 많다. 그 질문에 적절한 대답은 아마도 "외롭지만 혼자 하는 여행이 좋아." 정도가 아닐까.

1999년 처음 유럽으로 배낭여행을 갔을 때 나는 카페에서 함께 여행할 친구들을 모았었다. 그때만 해도 혼자하는 여행은 나에게는 미지의 세계를 정복하는 것만큼이나 어려운 일이었다. 지금처럼 모바일로 인터넷을 하던 때도 아니고, 지도나 여행 책자에 의지해 다니는 여행이라 더 그랬던 것 같다.

여행 중 로마의 한 숙소에서 서른 살 즈음의 혼자 여행 중인 언니를 만났었다. 그때 나도 같은 질문을 했었던 기억이 난다. "혼자하는 여행이 너무 좋다."고 하는 말에 대단하다

싶었는데, 우리를 붙잡고 이야기를 하느라 놔주지 않는 모습에 함께 여행 중이던 동생이랑 난감해하던 일이 생각난다. 혼자가 좋지만, 누군가와 대화를 나누고 싶은 욕구와는 다른 문제였던 걸까. 나도 여행 중에 누군가에게 수다를 떠느라 피곤함을 주지는 않았을까 되돌아보게 된다.

영화 〈비포 선라이즈〉에는 여자 주인공 셀린이 사람의 죽음에 관해 "사람에게 최악과 최상을 경험하게 하는 건, 바로 사람이야."라고 말하는 장면이 나온다. 어쩌면 여행에서의 최악과 최상을 경험하게 하는 것도 사람이 아닐까 싶다. 그것이 함께 떠나온 친구이거나 가족, 아니면 여행지에서 만난 사람일지라도.

헝가리 부다페스트의 민박집에서 만난 한 아주머니는 장성한 아들과 둘이 동유럽 여행을 오셨다고 해서 사람들이 놀라워했었다. 보통은 딸과 엄마의 조합이 많거나 가족 단위로 부모님을 모시고 오는 경우가 많은 탓이다. 늦은 저녁, 숙소에 모인 사람들이 가볍게 맥주를 한잔씩 하자는 의견이 나와서 가까운 펍으로 자리를 옮겨 서로의 여행에 대해 이야기를 나누는 기회가 있었다. 술을 못 마신다고 하신 그 어머니는

여행에서 처음으로 이런 자리를 가졌다며 꽤 즐거워하셨다. 처음 아들과 여행을 떠난다고 했을 때만 해도 주위 사람들이 모두 부러워했다고 한다. 그런데 막상 여행을 떠나 보니 아들과의 여행이 생각만큼 편하지 않았다고 하시며, 다음에는 딸과 오고 싶다고 하셨던 기억이 난다.

여행을 하다 보면 정말 여러 형태의 많은 여행객들을 만나게 된다. 친구와 싸워서 원수가 되는 일도 많고, 여행지에서 만난 동행과 평생 친구로 남는 경우도 많다. 좋은 동행은 복불복일 수 있지만, 한가지 확실한 건 내가 좋은 사람을 만나

길 원한다면 나도 상대에게 좋은 동행이 되어 주어야 한다는 사실이다. 내가 싫은 건 상대방도 싫어한다.

혼자 떠나온 여행일수록 전혀 알지 못하는 타인과 쉽게 친구가 될 수 있고, 전혀 부담스럽지 않게 안녕을 고하는 것이 아닐까 싶다. 역시나 이번 여행에서도 나는 많은 사람들과 가볍게 여행에 동행을 하기도, 식사에 함께 어울리기도 하며 나이와 상관없이 친구가 되는 행운을 얻었다.

"동행 없이 여행하지 말라."고 카우틸랴가 말했던가. 이제는 동행 없이 한번쯤은 혼자 여행해보라고 권하고 싶다. 오롯이 혼자가 되어 하는 여행, 그것도 꽤나 매력적이다.

집밥 같은 미식가의 천국

이렇게 솔직한 이름이라니. '칸티나Cantina 32'는 포르투갈어를 그대로 풀면 '32번지 식당'이라는 뜻이다. 직관적이라 좋긴 한데 너무 막지은 거 아닌가 싶은 생각도 살포시 들었다. 우리 동네의 한 식당 간판이 생각난 까닭이다. 진아네 사철탕. 짐작컨대 '진아'는 그 집 가족 중 누군가의 이름일 것이다. 하필 사철탕 집에 이름을 붙이다니 애정의 다른 표현이었던 걸까.

사철탕 집 이름에 비하면 양반이구나 싶어 웃으며 식당에 들어갔던 나는 문어 한 마리가 통째로 스테이크로 나오는 모습에 놀라고 말았다. 혼자 먹기에 지나치게 많은 데다 사실 나는 해산물을 별로 좋아하지 않는 편이다. 그러나 이번 포르투갈 여행에서만큼은 입이 짧고, 해산물을 그다지 좋아하지

않는 나도 맛집을 찾아다니며 꽤 즐거운 시간을 보냈다. 대구 요리인 바깔라우나 문어, 새우, 해물밥 등 우리 입맛에 거부감이 없는 음식들이 많아 사실 리스트를 뽑아 놓고도 다 가보지 못해서 오히려 아쉬움을 남길 정도였다.

하루는 히베이라 광장 근처에서 맛있다고 소문난 식당을 찾아 나섰다. 손님이 만원이라 들어가지 못한 한 식당 앞에서 주인에게 "얼마나 기다리면 될까요?"라고 물었다. 그러자 식

당 주인은 "글쎄, 한 시간 뒤일 수도 있고, 오늘을 넘길 수도 있겠지?"라고 답하는 것이 아닌가. 보통은 대충 몇 시쯤이라도 오라고 말해 주었을 텐데 그는 그런 말은 하지 않았다. 음식은 거들 뿐 함께하는 사람들과의 소박하지만 여유로운 시간을 충분히 배려하는 모습이랄까.

문득 영화 〈카모메 식당〉이 생각이 났다. 음식점 주인 사치에는 핀란드에서 일본식 주먹밥을 팔고 있다. 매일 열심히 만들지만 한 달이 지나도 어찌된 게 손님 한 사람도 들이지 못한다. 그러면서도 그녀는 사람들에게 커피를 공짜로 주고, 첫 손님으로 찾아온 여행객에게는 음식과 집도 내어 준다. 장사가 되지 않아도 걱정하는 모습은 찾아볼 수 없다. 시간이 지나면서 다소 이질적이고 흥미로운 일본 음식에 한두 사람씩 손님이 늘기 시작하고, 결국에는 그녀만의 소박하지만 정갈한 음식들에 손님들이 만족하는 모습이 나온다.

내가 포르투에서 즐겼던 음식들도 〈카모메 식당〉에 나온 음식들과 크게 다르지 않을 거라는 생각이 든다. 포르투가 특별한 이유없이 소소한 일상 속에 치유를 해 주는 느낌이라면 음식도 도시만큼이나 내게 자극적이지 않은, 맛있는 집밥만 같았다. 그래서 포르투를 생각하면 마음이 따뜻해지는 것인지도 모르겠다.

여행이 서툴러도 되는 이유

내게는 일종의 여행 불안증이 있다. 소심하고 걱정이 많은 성격 탓에 여행을 떠날 때면 미리 공부를 하고 준비를 많이 해두는 편이다. 심지어 몇 년 전 다녀온 대만 여행에서는 나 스스로도 대만 음식의 맛만 모를 뿐 이미 다녀온 것 같다고 할 정도였다. 대범한 척하지만 사실은 불안함과 두려움이 항상 여행하는 내내 나를 압박하곤 한다. 그럼에도 있던 곳에서 벗어나 어디론가 떠나야만 살 것 같은 방랑벽이 나를 충동질한다. 그런 의미에서 내 삶이 거센 파도를 만나 휘청일 때마다 나를 뒤흔든 최고의 유혹은 다름 아닌 여행이었다. 여행은 내 삶 속 가장 큰 일탈이자 모험이다.

예전의 회사 동료가 친구와 여행을 갈 때마다 너무 스트레스를 받는다고 토로했던 적이 있다. 저도 처음, 나도 처음인데 길을 잃고 찾지 못하면 자신이 가이드도 아닌데 짜증을 낸다는 것이었다. 그러면서 번번이 여행을 함께 가자고 해서 거절하기 힘들다고. 그때 나는 별 사람이 다 있구나 했었다. 그런데 돌이켜 보면 나는 완벽주의도 아니면서 어딘가에서 헤매고, 고생하는 것이 꽤나 싫었던 것 같다. 외국어에 서툴기도 하지만 그런 스트레스를 줄이려고 여행을 떠나기 전 공부를 그렇게 했었나 싶을 정도로 말이다.

그런 나이기에 이번 여행은 꽤 의미가 있다. 우울함이 불안함을 이긴 여행이랄까. 이래도 되나 싶게 여행 준비를 하지 않은 탓이다. 어디론가 떠나 마음의 위로를 받고 싶은 욕심이었지, 뭔가를 보고 싶다는 의욕 자체가 별로 없었다. 여전히 어딘가를 찾아갈 때면 제대로 가고 있는 것인지, 기차를 맞게 타고 가는 것인지, 어디에서 내려 어디로 가야 하는지 불안함이 엄습하곤 한다. 그러나 "목적지에 닿아야 행복해지는 것이 아니라 여행하는 과정에서 행복을 느낀다."고 말한 작가 앤드류 매튜스처럼 이 과정 자체를 즐기는 연습이 내게도 필요함을 느낀다.

코리나 루켄의 그림책 『아름다운 실수』에서는 실수는 두려움이 아니라 새로운 도전의 씨앗이라고 설명한다. 그림을 그리다 잘못 찍은 점 하나가 그림을 망치는 것이 아니라, 오히려 멋진 다른 그림으로 수정되며 실수가 나쁜 것이 아님을 알려 준다. 여행도 이런 아름다운 실수가 더 풍성한 나만의 여행으로 재탄생시켜 주는 과정이 아닐까 생각된다. 가끔은 정말 왜 이런 실수를 했나 자책도 따르지만 말이다.

이번 여행에서도 나는 무수히 많은 아름다운 실수를 저질렀다. 근교 도시들을 돌다가 전혀 다른 길에서 만나는 멋진 호수나 공원, 그리고 분위기 좋은 카페에 들어가 커피 한잔을 마시며 나름의 여유를 부리기도 했다. 이 골목, 저 골목 기웃대며 노느라 원래의 목적지는 가끔 잊어버리기도 한다. 생각지도 못한 곳에서 예쁜 곳들을 발견히면, 나만 색나른 경험을 하는 것 같아 은근 길 잃은 나를 칭찬할 때도 있다.

뭔가 계획대로 되지 않을 때 짜증 대신 아름다운 실수로 또 아름다운 여행의 그림을 완성시키고 있구나 생각하면 좋지 않을까 싶다.

BRAGA
브라가

종교의 도시

변함없이 오늘도 일어나자마자 커튼을 걷고 하늘을 보는 것으로 내 하루가 시작되었다. 매일 비로 시작해서 비로 끝나는 하루지만, 그래도 혹시나 하는 마음으로 아침마다 기대와 실망을 맛보는 중이다.

오늘은 이베리아 반도에서 가톨릭이 가장 먼저 전파된 도시, 브라가로 가기 위해 새벽같이 숙소에서 나왔다. 상 벤투역에서 출발해 1시간 반이면 도착하지만, 건국의 도시인 기마랑이스까지 함께 둘러볼 요량이었다.

브라가를 오기로 한 건 봉 제수스 두 몬트 성당, 사진 한 장 때문이었다. 우뚝 솟아 있는 성당 아래로 독특한 회색빛

계단이 꽤 인상적이어서 눈으로 꼭 보고 싶었던 곳. 이 성당은 기차에서 내려 버스를 타고 30분은 더 가야 했다. 종점에서 내려 바로 보이는 울창한 나무들 사이로 보이는 산책로는 메타세쿼이아 길을 연상시켰다.

이른 시간이라 그런지 관광객으로 보이는 사람 하나 없이 조깅하는 동네 주민들만 몇몇이 보였다. 이 계단으로 올라가면 되는 건가 잠시 망설이던 사이 드디어 몇몇의 사람들이 어디선가 나타나 계단 길을 오르며 사진을 찍기 시작했다. '아~ 사람들 오기 전에 나도 찍어 놓을 걸.' 하는 뒤늦은 자각은 오늘도 거르질 않았다.

'산에 있는 예수님'이라는 의미 그대로 성당은 산꼭대기에 있었다. 지그재그로 이어지는 오감삼덕의 계단과 십자가의 길이 아마도 이 성당을 찾는 사람들을 매료시키지 않았을까 싶을 만큼 독특해 보였다. 오감시각, 청각, 미각, 후각, 촉각은 눈, 코, 입, 귀, 물병에서 나오는 분수로, 삼덕믿음, 소망, 사랑 중 십자가 세 곳에서 물이 나오는 샘은 믿음, 노아의 방주로 표현된 곳은 소망, 모성을 나타낸 것은 사랑으로 표현되어 있다. 다른 곳에서와 다르게 십자가의 길이 계단 끝 방에 조각되어

있어 눈길을 끌었다.

 100미터가 넘는 계단을 오르는 건 여름에는 참 힘들었겠다 싶으면서도, 비가 내리지 않아 선선한 날씨는 오히려 오르는 데 도움이 되었다. 드디어 마주하게 된 성당은 생각보다 크지 않았다. 보통의 성당들은 제대 중앙에 십자가가 있는데, 이곳은 십자가 대신 예수님이 십자가에 못 박히는 장면이 테라코타로 표현되어 있었다. 올라오며 보았던 십자가의 길에서 보았던 것과 같은 양식이라 이색적이었다.

 아마도 이곳이 더 좋게 느껴진 데는 성당을 둘러싸고 있는 숲속 길 때문일 것이다. 사람들이 조깅하고 산책할 수 있는 멋진 산책로와 보트가 함께 있는 호수는 그저 보는 것만으로도 힐링이 되는 느낌이랄까. 한국에서 맞지 못한 뒤늦은 가을의 향취를 이곳에서 만끽했다.

처음 이곳을 올 때까지만 해도 나는 성지 순례를 오는 순례객처럼 약간 경건한 마음이었다. 그러나 막상 이곳에서 마주한 주민들에게는 생활과 밀착된 친숙한 곳이 아닌가 싶다. 파티마를 방문했을 때와는 사뭇 다른 느낌이었다. 흐린 하늘 가운데 이따끔씩 보여 주는 파란 하늘만큼이나 내 마음도 맑게 개는 시간이었다.

운수 좋은 날

오전을 성당 주변에서 보내고 내려와 버스를 기다리는데 갑자기 비가 쏟아지기 시작했다. 1분만 늦었어도 빗속에 계단을 내려와야 했다고 생각한 순간 '오늘 정말 운이 좋은가 봐' 생각했다. 아침까지만 해도 비 때문에 짜증을 냈는데 내리는 비를 보고도 콧소리가 절로 나올 만큼 기분이 좋아지다니, 날씨만큼이나 변화무쌍한 내 마음을 나도 모르겠다.

언젠가 읽은 책에서 보스턴을 두고 "중년 신사의 도시" 같다고 했는데, 브라가가 내게는 그랬다. 버스에서 내려 둘러본 전경에 "뭔데 이렇게 멋져?" 하는 소리가 절로 나올 만큼 그 순간 홀딱 빠지고 말았다. 아기자기한 예쁨과는 다른 도시의 정갈함에 눈길이 갔다. 누군가는 이곳이 꽤 지루하다고 했던

것 같은데, 확실히 사람마다 여행지에 대해 느끼는 건 다른 것 같다.

　우리의 골목마다 보이는 편의점 수만큼이나 많은 성당들을 보며 브라가가 확실히 종교의 도시가 맞구나 싶었다. 브라가에만 약 70여 개의 성당이 있다던가. 발길 닿는 대로 걷다가 만나게 된 대성당은 어디서도 보기 힘든 '젖을 먹이는 성모상'이 2개의 커다란 종탑과 함께 존재감을 발하고 있었다.

　배가 고픈데 식당이 너무 많아 오히려 어디서 뭘 먹어야

할지 망설여졌다. 고민하다 간판에 있는 오늘의 메뉴 바깔라우를 보고는 한 식당으로 들어갔다. 얼마되지 않아 토요일 미사에 참석하신 어른들이 들어와 내 옆자리의 노부부에게 인사를 하는 모습에 현지인 맛집이 아닐까 짐작된다. 혼자 온 동양 여자라 그랬을까. 직원이 친절하게 쌀밥을 가져다주었다. 두 병이나 마신 슈퍼복 때문인지 배가 너무 불러 그만 계산하고 나갈까 했더니 디저트를 건넨다. 레몬 치즈 무스케이크 안에 과자를 갈아 넣은 독특한 케이크였다. 옆자리의 아저씨가 그 가루에 무스케이크를 둥글려 드시기에 나도 따라해 보기도 했다. 맛있는 음식을 배부르게 먹었을 때 만족감은 항상 더 높아지는 것 같다.

슬슬 기마랑이스로 떠나야 할 시간. 여행 중에 만난 친구가 오늘은 포르투도 날씨가 나름 괜찮아서 잘하면 석양을 볼 수 있을 것 같다고 연락이 왔다. 오늘은 정말 운수가 좋은 날인가 보다, 하며 기마랑이스는 기쁜 마음으로 포기하고 포르투로 돌아가기로 했다. 보지 못해서 자꾸만 욕심이 나는 것이 내게는 포르투의 일몰이었다. 그런데 어찌된 게 포르투로 기차가 다가갈수록 비가 내렸다. 설마 했는데 포르투는 오후 들어서 또 비가 내리기 시작했다고 한다.

　포르투가 이런 적이 없었다고 하는데 10년에 한 번씩 큰 비가 내리는 해가 하필 올해이고, 다른 때도 아닌 내가 찾은 지금이라니. 그러니 세라비C'est la vie! 인생은 즐길 수 있을 때 즐기는 게 맞다. 언제 또 흐린 날이 덮칠지 모르니.

오브리가다! 아베이루

달콤한 에그타르트와 에스프레소가 함께하는 아침이 며칠 새 당연한 일상이 되어 가고 있었다. 한국에서라면 에스프레소는 시도조차 하지 못했을 텐데, 포르투갈에서 마시는 커피는 쓴맛 대신 고소함이 일품이다. 습기를 먹은 눅눅한 공기가 커피향과 함께 부유하며 사람을 더없이 차분하게 이끄는 시간. 느긋하게 커피를 마시며 하루를 준비하는 이 평온한 시간이 몹시도 좋았다.

동생 때문에 엄마의 사랑을 독차지할 수 없던 여덟 살 난 딸이 어느 날 엄마와 둘이서만 시간을 보내며 "엄마, 이게 행복이지?"라고 물었다던 친한 동생의 말이 생각이 났다. 내가 지금 느끼고 있는 이 감정도 아이의 마음과 같지 않을까 싶어

슬며시 웃음이 났다. 결국은 동생 때문에 계획이 어그러져 일찍 집으로 돌아가야만 했을 때, 아이는 가장 행복했던 아이에서 가장 불행한 아이가 되었다고 했던가.

쉴 새 없이 사람들을 근교 도시들로 이끄는 상 벤투 역은 오늘도 사람들로 북적였다. 우리의 그 옛날 경전철이나 지하철의 느낌이 물씬 느껴지는 기차가 이제는 제법 익숙해지고 있었다. 기차가 까시아Casia 역에서 잠깐 정차 후 서행을 하던 중 고속 열차가 그저 옆으로 지나갔을 뿐인데 그 진동이 어찌나 거세던지 아베이루로 가는 기차 안 사람들이 모두 깜짝 놀라고 말았다. 고속 열차의 위엄이 이렇게 드러나는가 싶은 상황이었다. 다들 놀란 가슴을 진정시키고 있던 때에 유모차를 타고 엄마와 여행을 떠나는 한 일본 아기가 기차 안 모든 어른들의 기쁨이 되어 주었다.

"오브리가다~"

앙증맞은 아기는 눈이 마주치는 모든 사람들에게 목소리도 우렁차게 인사를 해 왔다. 주위 모든 어른들이 아이에게 "올라!"를 얼마나 외쳤는지 모른다. 엄마 미소가 절로 지어지는 행복한 시간 속에 드디어 아베이루에 도착을 했다.

그 옛날 어촌 마을에서 소금 무역으로 번성하게 된 도시 아베이루. 얼마나 멋지면 '포르투갈의 베니스'라는 별칭이 생긴 것일까 사뭇 궁금해졌다. 좀 쌀쌀해도 비가 내리지 않아 살짝 들뜬 마음으로 열차 밖으로 걸음을 옮겼다. 역 밖으로 이어진 계단 벽의 그림들이 이곳의 분위기를 알려 주는 것만 같아 기대감은 한층 높아져만 갔다. 열차만 나오면 바로 멋진 운하가 펼쳐지는 줄 알았는데 그냥 평범한 도시의 모습이어서 좀 당황했다. 그러나 사람들의 발길을 따라 제법 걸어가다 보니 멀리 작은 운하가 눈에 띄었다.

처음 만난 작은 다리 위에는 색색의 끈들이 묶여 있어 좀 놀랐다. 약간 동양적으로 보이는 그 끈들이 어떤 의미를 갖고 있는지는 모르겠지만, 남산에 수없이 달려 있는 자물쇠 같은 건가 싶기도 하다.

생각보다 작은 수로 위에는 수상 보트 몰리세이루Moliceiro

가 관광객들을 연신 나르느라 분주했다. 옛날 수초를 재배하던 사람을 몰리세이루라고 한 데서 배 이름이 유래되었다고 한다. 배를 탄 사람도, 그 모습을 지켜보는 사람들도 서로 모르지만 손을 흔들어 주며 인사를 건넨다. 작은 배들 앞뒤에 그려진 예쁜 그림들에 미소가 저절로 피어났다.

오비두스와는 다른 아기자기한 뒷골목의 예쁜 집들과 거리를 여름의 강렬한 햇살 속에 만났다면 더 활기가 넘쳤을 텐데 스산한 날씨라 좀 아쉬웠다. 지극히 내 기준에서 베니스에 비하는 건 과하다 싶지만, 여행지는 사람마다 느끼는 것이 다르니 또 누군가에게는 그에 필적할 만한 곳이라고 여겨질지도 모르겠다. 느리게 흘러가는 물과 함께 달달한 오부스 몰레스Ovos Moles를 맛보며 여유를 만끽하는 것도 나름 좋지 않았나 싶다.

COIMBRA
코임브라

바로크 건축의 걸작을 만나러 가는 길

포르투갈의 첫 번째 수도이자, 학술과 예술의 중심지인 코임브라는 기차를 세 번이나 갈아타야만 했다. 여행의 마지막 날이라 포르투에서 시간을 좀 더 보낼까 싶었지만, 언제 다시 찾을 수 있을까 싶어 피곤한 몸을 끌고 기차에 몸을 실었다.

"아~ 여기도 포르투갈이었지." 코임브라 대학을 향해 올라가는 길은 리스본의 알파마 지구와 다름없었다. 학교가 왜 이렇게 산꼭대기에 있는 거냐며 투덜대던 것도 잠시, 방향치인 내가 아니랄까 봐 구글 지도를 켜고 감에도 도대체 길을 몇 번이나 잘못 들었는지, 세차게 내리는 비와 언덕길, 길 잃음의 3단 콤보로 어느새 내 멘탈은 너덜너덜해지고 말았다.

　우여곡절 끝에 마주한 포르투갈 최초의 대학 '코임브라 대학교'는 옛 알사코바 궁전을 개조해 만든 모습 그대로 생각보다 작고 오랜 역사의 흔적을 그대로 간직한 모습이었다. 코임브라 대학교는 원래 1290년 리스본에 설립되었으나 정치적인 이유 때문에 리스본과 코임브라로 이전을 거듭하였고, 16세기 초에 코임브라로 완전히 옮겨 오게 되었다고 한다.

　오늘 코임브라를 찾은 이유는 단연코 조아나 도서관을 보기 위해서다. 도서관 투어 시간까지는 다소 여유가 있어 캠

퍼스 곳곳을 둘러보았다. 왕궁의 입구인 비아 라티나Via Latina는 꽤 화려했고, 흙으로 뒤덮인 파티우 다스 에스콜라 광장에서 바라보는 몬테구강의 전경은 한 폭의 그림과 같았다.

드디어 시간이 되어 들어간 조아나 도서관. 도서관 정문에서부터 범상치 않더니 16~18세기에 만들어진 수많은 책들과 고전 영화 속에서나 만날까 싶은 붉은색에 앤티크한 도서관의 자태는 바로크 양식의 걸작이라 칭할 만했다. 천장의 화려한 프레스코화뿐만 아니라 계단 손잡이 하나까지 아름답다는 말로는 부족하지 싶다. 도서관이 이렇게 아름다울 일인가 새삼 감탄하면서 오래도록 바라보았다. 도서관 내부는 사진을 찍을 수 없기에 눈으로 열심히 담으려고 했으나, 나의 기억력이 한탄스럽다. 라틴어로 된 희귀 도서가 많아 고서를 보존하는 방법으로 여기에서는 책벌레를 잡아먹는 박쥐를 기른다고 한다. 혹시나 볼 수 있을까 눈을 크게 뜨고 봤지만, 아쉽게도 발견하지는 못했다.

코임브라 구대학교 곳곳과 예배당을 둘러본 후 산타 크루즈 수도원을 가려고 내려오는데, 갑자기 거센 비바람에 우산살이 두 동강이 나고, 우산은 뒤집어졌다. 우산 파는 곳도 없는데 어찌나 난처했는지, 우산을 겨우 부여잡고 내려오기 시작했다. 그러나 처음 올라간 곳이 아닌 다른 길로 내려오면서 일은 벌어졌다. 내려오면 어떻게든 되겠지 했는데, 전혀 모르는 곳이었다.

부랴부랴 구글 맵을 켜고 산타 크루즈 수도원을 검색해서 걸었다. 그러나 어찌된 일인지 가도 가도 나오지 않았다. 이렇게 된 거 목적지 없이 도시나 한번 돌아보자는 마음으로 걷기 시작하자 처음 대학교를 오를 때는 보이지 않던 도시의 모습이 눈에 들어왔다. 대학교를 오르며 보았던 집들과 평지에

서 보는 집들은 분위기도 많이 달랐다.

예정에 없던 언어의 정원과 결국은 어떤 수도원인지 알 수 없는 낯선 곳에서 오래도록 방황을 했다. 시간이 더 있었다면 사랑의 세레나데를 노래하는 코임브라 파두도 한번 경험해보았으면 좋았을 텐데 하는 아쉬움이 남는다. 그러나 이런 아쉬움이 다음을 기약하는 매개체가 되지 않을까 싶다.

여행 마지막 날까지 비와 함께하느라 몸은 힘들었지만, 그래도 포르투갈 근교 도시를 둘러본 건 정말 잘한 일이었던 듯싶다. 각 도시마다 풍기는 독특한 색깔은 포르투갈을 더 멋진 곳으로 각인시켰다. 언젠가 다시 한번 더 포르투갈을 만나게 되더라도 똑같이 반할 것이 분명하다. 분명히 그때도 다정한 위로를 건넬 테니까.